お客様が「減らない」店のつくり方

高田靖久

同文舘出版

はじめに

本書の内容は、「おとぎ話」に聞こえるかもしれない。

とある村でのことです。

ペンギンとシロクマがそれぞれお店を開きました。どちらも、しっかりした商品を持っていて、接客もよく、お店もキレイでした。

最先端のデザインを取り入れた新しい店には、お客さんが行列を作りました。

「このお客さんたちは、これからも、ずーっと来てくれる」

2頭とも、そう思っていました。

——しかし1年後。

両店ともに、お客さんがジワジワと減りはじめます。同業のアザラシやオットセイの店が、次々に低価格を打ち出したからです。

先に危機感を持ったシロクマは、お客さんを増やそうと考えました。

「お客さんが減っている分を、安くしてでも新しいお客さんに来てもらって補わなきゃ」

そこでシロクマは、安売りを試みます。フリーペーパー、割引きチラシ、クーポンサイト。たくさんの経費を使って、新しいお客さんを増やそうと努力します。

「これを続ければ大丈夫」

シロクマは、そう信じて疑いませんでした。

「シロクマさん、頑張ってるなー。うちも何か手を打たないと……」

頭をひねったペンギンは、シロクマとは違う対策を打つことにしました。

その対策を、同業のアザラシやオットセイが知ったとき、全員が笑いました。

「あははははは。今の時代、そんなやり方で、うまくいくはずがないよ」

—そして、数年後。

何と、ペンギンの店は大繁盛。シロクマの店だけではなく、アザラシやオットセイの店までも抜き、その村一番の繁盛店となっていました。

一方、シロクマたちは、価格競争に飲み込まれていました。すべての店が、安売りを繰り返し、新規のお客様を奪い合いました。

「はじめてのお客さんは、クーポン利用で30％ＯＦＦ！」

一方が安くすれば、もう一方がさらに安くする。お客さんはいつも値段を比較して、一番安い店を選んでいました。しかし、なぜかペンギンの店のお客さんは、シロクマたちの店には興味も示さないのです。

シロクマも、アザラシやオットセイも、疲れはてている様子です。

そんなシロクマたちの様子を見て、繁盛店となったペンギンは、つぶやきました。

「みんな、どうして…新しいお客さんばかりに目を奪われるんだろう？」

そうつぶやくと、ペンギンは、常連さんで溢れている自分の店に戻って行きました。

—ある村の寓話より

そう、本書で紹介する手法は、おとぎ話のような、夢物語に感じるかもしれない。なぜなら、

新規集客をやめたのに業績を伸ばし、
100名以上のスタッフを抱える企業に成長した美容室

や、

お客様の離反が続き一度は店を畳んだものの、今では市内で
「一番予約が取りづらい店」と言われるほどの繁盛店を作り上げた居酒屋

や、

年間2800万円だった売上げを、短期間で1億円に引き上げ、
さらに売上げを伸ばして繁盛し続けている寿司店

や、

業績が上がらず廃業まで考えていたにもかかわらず、現在では売上げを
16・5倍にまで成長させているエステサロン

や、

借金5000万円を抱えていたところから、売上260％にまで上昇。売上げを100ヶ月以上伸ばし続けている釜飯宅配店

や、

カフェブームが去った後、瀕死の状態に陥った後に、売上130％前後で売上げを伸ばし続ける繁盛店となったワインレストラン

や、

もともと繁盛していた店が、さらに上位客の客単価を2倍に。お客様も増やし続け、現在では売上140％を超える月が多くなった美容室

など、夢のような**事例が実名で続々と紹介される**からだ。それだけではない。本書で紹介する手法を使って、売上げを伸ばした企業を紹介すればキリがないほどだ。そのような企業を含めて、本書で紹介する繁盛店には、ひとつの共通点がある。それは、すべての店が、**【新規客】ではなく、【既存客】に焦点をあて、業績を伸ばしている**ことだ。

通常、「売上げを上げたい」と思えば、多くの店が「新規集客」に焦点をあてる。本書で紹介する繁盛店も、かつてはそうだった。ところが、それだけでは売上げは上がらなかった。いや、「上げ続けること」が難しかった、と言ったほうが正しいかもしれない。

しかし、いろいろな気づきをきっかけに、今お越しいただいている「既存客」に焦点をあてはじめた。するとどうだ。売上げが上がり続けたのだ。


だからと言って、「すべての既存客に焦点をあてるのか」というと、**そうではない。**

店舗の経費には限りがある。すべてのお客様に焦点をあてるなど、経費がいくらあっても足りない話だ。


あなたが狙うべきお客様は、ほんのわずかだ。

実は、**「ある特性」を持つ、「少数のお客様」だけ**に焦点をあてるのだ。

この（わずかな数の）お客様を見つけ出し、徹底的にアプローチする。店の限られた経費を、このお客様に集中するのだ。すると、今まで動かなかった「大きな売上げ」が動きはじめる。

売上げを「岩」にたとえてみよう。「大きな岩」を動かすのはとても難しい。しかし、大きいからこそ、動きはじめると、あとは転がり続ける。それを止めることが難しいほどにだ。その大きな売上げを支えているのが、「ある特性」を持つ「少数のお客様」なのである。だからそこに焦点をあてる。すると、あなたの店は儲かり続ける。
ポイントは、そのお客様が「誰」で、「どう」アプローチするのかだ。

その手法を、本書では公開する。

店舗経営「売れるしくみ」構築プログラム　4つのSTEP

私が提唱する【「売れるしくみ」構築プログラム】には次の4つのステップがある。

❖第1ステップは、新規客を【集める】手法
❖第2ステップは、お客様を【固定客にする】手法
❖第3ステップは、お客様を【成長させる】手法
❖第4ステップは、お客様を【維持する】手法

このうち、【第1ステップ・新規客を集める手法】と【第2ステップ・お客様を固定客にする手法】については、拙著『「1回きりのお客様」を「100回客」に育てなさい!』（同文舘出版）で、また【第3ステップ・お客様を成長させる手法】については、拙著

『お客様は「えこひいき」しなさい！』（中経出版）にて、くわしくご紹介した。

本書で公開する内容

本書では、私の顧客戦略の真骨頂とも言える**【第4ステップ・お客様を維持する手法】の全貌を解き明かすこととなる。**

1章では、**「なぜ、新規客より既存客に焦点をあてることが重要なのか？」――その理由を、2つの繁盛店の事例紹介**により解説する。

2章では、**「お客様維持に焦点をあてないことの危険性」と「お客様を維持しなければならない理由とメリット」**を、データを使って証明する。顧客管理屋でしか知り得ない、驚愕のデータを提示し、お客様維持の重要性を提唱する。

3章では、**「大事なお客様を維持する2つの方法」**について、総論を述べる。具体的活用方法については、その後の章になるが、その前に知っておかなければならない本質についてご説明する。この章を読まずして、ツールのみを活用してはならない。

4章・5章が、本書の肝となる。**「売り込みのダイレクトメール」と「売り込まないダイレクトメール」**の2つの手法を公開する。多くの店が売上げを伸ばしてきた画期的手法を、数々の成功事例とともに説明する。多くの事例を紹介できることこそが、この手法が再現性の高いものであることの何よりの証拠となる。

最終章では、**「データでは表わせない重要なこと」**について触れる。通常のコンサルタントでは知り得ない、数々のデータを紹介する本書だが、だからこそデータに現われない本質を知っておく必要がある。1000店舗以上のデータを見て来た私だからこそ言える、「商売の本質」について、最終章で語らせていただく。

最も重要な、お客様を【維持する】手法

私は、年間70回以上の講演を10年以上全国で行なっているが、この**【第4ステップ・お客様を維持する手法】**をお伝えしたいからこそ、講演を続けていると言っても過言ではな

い。4つのステップの中で、最も重要なのがこの第4ステップである。

なぜなら、業績不振の店が、ここに焦点をあてると、売上げの下げ止まりがはじまり、その後ググッと売上げが上がりやすくなる。業績好調の店が、ここに焦点をあてると、加速度的に売上げが上がっていくか、そのよい状態が続きやすくなるからだ。

とは言うものの、この一見保守的とも言える「お客様を維持する」ことが、なぜ最も重要なステップなのか？　なかなか理解しにくい点もあるだろう。

また、「新規集客よりも、既存客を大事にしよう！」と、言葉で言うのは簡単だが、実際に行動するのは難しく感じている経営者も多いはずだ。

そこで、まずは「新規集客よりも、既存客の維持」に焦点をあてて成功している2つの事例をご紹介しよう。1章をお読みいただいた後には、この「おとぎ話」が、新しくかつ正しい経営手法であることに気がつくだろう。そして、すべてを読み終える頃には、この世界に1日も早く足を踏み入れたくなっているはずだ。

高田　靖久

目次

お客様が「減らない」店のつくり方
―新規集客せずに、既存客から売上げを伸ばす方法―

はじめに

1章

なぜ、新規客より既存客なのか？

2章

データが証明する「お客様維持」の重要性

3章 大事なお客様を維持する2つの方法

4章 売り込まないダイレクトメール

5章 売り込みのダイレクトメール

おわりに
「特典」「参考文献」

装丁◎渡邉民人（TYPE FACE）
本文デザイン・DTP◎ムーブ（新田由起子、徳永裕美）

1章

なぜ、新規客より既存客なのか？

01

「新規集客が難しい時代」の到来

打ち上げ花火のような集客

「今より売上げを上げたい！」。

そう考えたとき、多くの経営者がとる行動がある。「新規集客」だ。既存のお客様にプラスして、新しいお客様が加われば売上げが上がる。当然の考えだろう。

そこで、手っ取り早く値引き集客に踏み切る。飲食店・美容院などの多くが「フリーペーパー」「クーポンサイト」「割引チラシ」を使って、新しいお客様を増やそうとする。「少し安くしますので、試しに当店を利用してください」とするわけだ。

昔はそれでもよかった。「フリーペーパーに16万円分の広告を出せば、それを見て必ず100万円分の売上げが上がる」。そんな話を耳にした時代もあった。

ところが、その効果は悲しいほど短い。配布された数日間（あるいは当日）は反応があったとしても、長くは続かない。「パッ」と上がって、「スッ」と消える。それは、一瞬輝いては、またたく間に消えてしまう、打ち上げ花火のようだ。効果が消えれば、またすぐに次を打たなければならない。多くの店が、これを繰り返した。打ち上げ花火を打ち続ける。いわゆる「値引き集客の乱発」だ。

当時は、それでもよかった。たとえ「スッ」と消える打ち上げ花火でも、打てば上がった。だから繰り返し打ち続けていれば、何とか経営もうまくいった。

フリーペーパーには掲載店が急増。地域によっては1冊では収まり切らず、細かく地区ごとに分かれて複数冊発刊されていた時代もあった。

――しかし、だ。

近年、この打ち上げ花火が上がらなくなった。フリーペーパーに広告を掲載しても、売上げが上がらない。理由はいろいろあるが、いずれにしてもお客様が反応しなくなった。打っても、打っても上がらない。店によっては、「経費をドブに捨て続けている」状態となった。

その結果、現在ではフリーペーパーへの掲載店舗は激減した。複数冊に分かれていた地域でも、多くは一冊にまとまり、ページ数もペラペラ。姿を消したフリーペーパーも少なくない。

そう。新規集客が難しい時代が到来したのだ。

値段を下げても新規客が集まらない

そこに、大手チェーンが拍車をかけた。料金の低価格化だ。ご存じの通り、1000円カットの美容院や、280円均一の居酒屋などが増えはじめた。価格は消費者が店を選ぶ決定要因のひとつ（あくまで「ひとつ」）ではある。店の違いがわからない場合、お客様は安い店を選択する。その結果、多くのお客様が低価格店に流れ出した。だが、低価格化は資本力のある大手チェーンだからこそなし得ることで、一般の店でそこまでの低価格は、なかなか真似することができない。

それでも、経営は続けなければならない。何とか新規客を増やそうと、精いっぱいの値下げで対抗するが、価格で大手に太刀打ちできるはずもない。その結果、客単価を大きく落とした割にはお客様も増えず、赤字経営に転落する店が多く生まれた。

値段を下げても新規客が集まらない。そんな時代に入っていた。

——ところが。

そんな時代にまったく逆の手法で、業績を伸ばす店もあった。

02

新規集客よりも既存客の定着

新規集客をやめた美容室「北九州市・バグジー」

北九州市に店を構える「美容室・バグジー」（以下、「バグジー」）。オーナーの久保華図八氏は、200名の美容師が集まる講演会場で次のように述べた。

「当店も新規集客には一所懸命でした。しかし、景気も悪化し、低価格店も増えてきた。そもそも人口自体も減りはじめていました。あるときから、いくら努力しても、ほとんど新規のお客様が集まらなくなりました。そのときに思ったんです。『あっ、まずいな』って。これだけ一所懸命集客しているのに、新規客が集まらない。そんな中で、既存のお客様まで減らしてしまっては、この先うちの店は成り立たない。

そこで、せめて今来ていただいているお客様だけは、しっかりと守らなくてはと思い、既存のお客様に焦点をあてはじめました。

「新規客よりも既存客」、**「集客よりも定着」**、**「ディスカウントよりも付加価値」**、**「売上げよりも紹介客」**を大切に行動してきました。

みなさんは、新規のお客様を増やさなければ、売上げは上がらないと思ってらっしゃるでしょう？　でも、うちは過剰な新規集客活動はやめたんです。しかし、その結果、当店の売上げは上昇していったのです。実は、うちがやったことは簡単なことなんですよ」

新規集客せずに売上げを2倍にする方法

久保氏の話は続く。

「たとえば、1人のお客様が平均【年に3回】利用するとしますよね。そのお客様に、毎回平均【5000円】お使いいただいているとします。そんな感じのお客様が年間【1000人】いらっしゃる店があるとします。この場合、店の売上高は【年3回×客単価5000円×1000人】となり、年間【1500万円】となります。

これを当店では、**利用回数を1回だけ増やす努力をした**のです。

すると、1人のお客様に平均**【年4回】**利用していただけるようになりました。他の条件が一緒であれば、お店の売上高は**【年4回**×客単価5000円×1000人】となり、年間【2000万円】となります。

そこをさらに、**もう1回増やした**のです。1人のお客様が平均【**年5回**】利用してくださるようになりました。他の条件は同じ。でも、店の売上高は【**年5回**】×客単価5000円×1000人】となり、年間【2500万円】となるのです。

じゃあ、せっかくだから、**もう1回増やす**努力をするんです。すると、1人のお客様に平均【**年6回**】利用していただけるようになります。店の売上高は【**年6回**×客単価5000円×1000人】となり、年間【3000万円】となります。

年間3000万円。ほら、**売上げは最初の2倍になっていますよ**。みなさんの店の売上げ、2倍くらいでよくないですか?」

会場に集まっていた200名全員が、大きくうなずいた。

この久保氏の話に、「本書で伝えたいことのすべてが凝縮されている」と言っても過言ではない。

美容室・バグジー流「新規集客せずに、売上げを２倍にする法」

年に【３回】×客単価5000円×1000人＝**1500万円**

年に１回利用回数を増やすだけで…

↓

売上げは、何と2000万円に！

年に【４回】×客単価5000円×1000人＝**2000万円**

さらにもう１回増やすと…

↓

売上げは、何と2500万円に！

年に【５回】×客単価5000円×1000人＝**2500万円**

ついでにもう１回増やすと…

↓

売上げは、何と当初の２倍になる！

年に【６回】×客単価5000円×1000人＝**3000万円**

新規客よりも固定客。集客よりも定着

もちろん、前述の久保氏の話は、あくまで「考え方」を説いているものである。実際には美容室において、年3回の利用を、6回に引き上げるのは、かなりハードルが高い。なぜなら、「わお！　今回の髪型とてもステキだったから、来週も髪を切りに行こう」なんてことは、美容室ではあり得ないからだ。

しかし、前述のような考え方に経営の舵を切った結果、業績が拡大したのは間違いのない事実である。それは、お客様が確実に定着したうえに、来店頻度までが向上したからに他ならない。

来店サイクルの短縮が難しい美容室でさえ、このような結果が現われたのだ。たとえば飲食店などであれば、より結果は現われやすいだろう。

氏は、著書『ひとり光る みんな光る』の中で、次のように述べている。

「僕の師である北川先生から、ある日こんなことを教えていただきました。『竹と一緒で急成長したら返りがすごい。急成長はダメよ。売上げの急成長を目指すのではなく、着実に成長が見込める既存客の再来店率を高めなさい』こうした師の貴重なアドバイスを胸に、僕は今日も心の経営を目指しています」

久保氏は現在、株式会社九州壹組の代表取締役として、美容室「バグジー」を8店舗、カフェレストラン4店舗、ペット美容室、パンの販売店を展開。現在では、総勢100人以上のスタッフを抱えるまでに成長している。

そんなバグジーを運営する株式会社九州壹組は、経済産業省が主催する「平成24年度おもてなし経営企業選」（おもてなし経営を実践する事業者を選定するもの）において、全国50社の中に選出された（平成24年度現在）。

日本国内で20万店舗を超えると言われている美容室。その中で、平成24年度の「おもてなし経営企業選」に選ばれた美容室は、バグジーただ1社である。これは同店が、『新規客よりも固定客』、『集客よりも定着』に焦点をあて続けたからに他

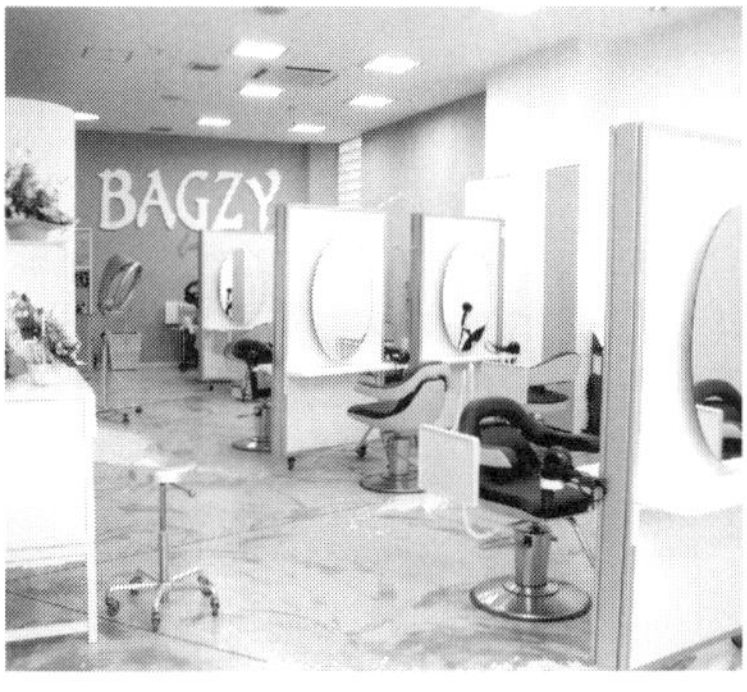

▲新規客よりも固定客を大事する『美容室・バグジー』（北九州市）

ならない。

参考文献

◉『ひとり光る みんな光る』久保華図八（致知出版）

参考サイト

◉美容室バグジー（http://www.bagzy.net/）

◉おもてなし経営企業選（http://omotenashi-keiei.go.jp/）

——新規客よりも固定客。集客よりも定着。

周りの店が新規集客や値引き集客ばかりに目を向けている中、前述のように「固定客」に焦点をあてて売上げを伸ばしてきた企業は、バグジーだけではない。

もうひとつ、事例をご紹介しよう。

03 商品がよいだけでは、顧客はついてこなかった

常連客で埋め尽くされる飲食店「松江市・ふれんち酒場びいどろ」

島根県・松江市に店を構える「ふれんち酒場びいどろ」。（以下、「びいどろ」）。来店するお客様に「今、松江で一番予約が取れない店だね」と言われるほどの人気店だ。

松江市は観光都市で有名だが、その中でも同店は「カラコロ工房」という観光施設内に店がある。観光施設内なので、昼間は人通りも多い。しかし、夕方以降は一転。施設付近は、「人っ子1人いない」という表現がぴったりなほど閑散としている。そんな施設の中で、びいどろの業態は居酒屋。夜、お客様にお越しいただかないことには、売上げは確保できない。

ところが、店の扉を開けると、平日の夜でも満席状態。人通りがないこの場所で、「こ

のお客様は、いったいどこから集まってきたの？」と思うほどの賑わいぶりだ。

松江の人気店が繁盛し続けている理由

そんなびいどろだが、はじめからすべてが安泰だったわけではない。

実は、経営不振に陥り、一度店を畳んでいる。

同店は、そもそも居酒屋ではなかった。「フレンチレストラン・エルミタージュ」（以降、「エルミタージュ」）という、本格的なフレンチ料理の店だったのだ。

同店のオーナーシェフである桐原学氏。フランスで星がつくレストランを渡り歩き、満を持して日本に帰国。「フランス帰りの若きシェフ」という噂が立ち、オープン当時から店はお客様であふれかえっていた。

――しかし、数年後。状況は一変する。

あれだけ来ていたお客様が来なくなったのだ。５００万円あった平均月商は３９０万円まで下がり、ひどい月は２８０万円にまで落ち込んだ。料理の質が落ちたわけではない。むしろ口の肥えたお客様方から、「山陰で一番おいしいレストラン」と言われるほど味には定評があった。

桐原氏は、「料理だけでは、お客様をつなぎ止めることができなかった」と振り返る。

経営に行き詰まった桐原氏は、業態変更を決断する。このおいしいフレンチ料理を、低価格で食べていただくことを狙い、居酒屋・「ふれんち酒場びいどろ」として再出発した。業態変更は大成功した。フレンチレストランのときとは違う新しいお客様も集まり、行列をなした。業績は一時、以前の店を上回るほど回復した。

だが、その状態も長くは続かなかった。数ヶ月後、この勢いに陰りが見られる。ピークの売上高が下がりはじめたのだ。桐原氏は大きな不安を感じた。

「このままでは、エルミタージュの二の舞になってしまう。まだお客様が多い今だからこそ、このお客様方を【いかに維持するか】に焦点をあてなければいけない。前の店では、そこを疎かにしていた。同じ失敗を二度と繰り返してはならない」

しかし、何をどうしていいか、答えは出ない。そんな中、たまたま私が松江で開催した顧客管理セミナーを受講する。セミナーを受講して氏の体に電流が走ったと言う。

「これだ！　今までやってこなかったことは！」

店に戻ると、その日のうちに「固定客化」への道を歩みはじめる。

それから5年以上が経過した現在。前述した通り、お店は連日満席状態。そして、来店しているお客様のほとんどが「ランクアップカード」と呼ばれる、同店の会員カードを提示している。（※「ランクアップカード」については、拙著『お客様は「えこひいき」しなさい！』（中経出版）をご参照ください）

つまり、ほとんどのお客様が「常連客」で構成されているのである。

同店が繁盛し続けている秘密は、ここにある。新規客ばかりを追うのではなく、「お客様に繰り返し利用していただく」。料理だけに焦点をあてるのではなく、「お客様にお店を忘れられないようにする」。その「しくみ」を完成させたのだ。

その結果、「松江市で一番予約が取れない店」と言われるほどの繁盛店となっている。

繁盛しているときには気づかない、繁盛し〝続ける〟秘訣

桐原氏は現在、「同じような境遇に立たされている経営者の力になりたい」と、全国で講演活動を行なっている。その講演で、毎回次のように振り返る。

「繁盛しているときには気づかないことがありました。おいしい料理を出し続けていれば、お客様は勝手に増える。必ず次も利用してくれる。だから、行列は途絶えることがな

い、と思っていました。しかし、実際は、そうではありませんでした。おいしい料理を提供しているだけでは、お客様はついてきてくれなかったのです。店を畳んでからその重要性に気づきましたが、前の店からこのことに気づいていれば……。でも、みなさんが私と同じ轍を踏む必要はありません。料理だけではなく、お客様に繰り返し来ていただく【しくみ作り】にも力を入れてください。それこそ料理と同じくらいに。これこそが、当店が繁盛し続けている秘訣です」

――料理と同じくらい、「お客様に繰り返し来ていただくしくみ」が重要。その言葉通り、桐原氏は、今では、ほとんど厨房に入ることはなく、経営や販売促進に集中している。それにもかかわらず「料理ばかりに目を向けていた前のレストラン」よりも、「厨房に入らず経営に集中している今の店」のほうが、経営は安定していると言うのだ。

▲平日でも常連客で埋め尽くされる・びいどろの店内

そして同店は、創業以来最大の危機を、データ活用で切り抜けることになる。

「最悪時に過去最高の業績」を叩き出したダイレクトメール

２０１１年4月のこと。あの東日本大震災が起こった翌月である。この年の3月・4月は「宴会控え」が起こり、多くの飲食店が売上げを落とした。びいどろも例外ではない。同社システムを構築以降伸ばし続けていた売上げが、この3月には初めて前年対比を割り込んだ。桐原氏が、「びいどろ最大の危機だった」と振り返るほどである。

何か手を打たなければならないと感じた氏は、翌月すぐに対策を打つ。考えに考え、１通のダイレクトメールを送った。「5周年記念ＤＭ」というものだ。

びいどろは、４月が創業。そこで、「いつもは食べられない特別記念料理」を提供することにした。もともと、フレンチ出身の桐原氏。前のフレンチレストランで大人気だった「和牛とフォアグラのパイ包み焼き　トリュフソース」を期間限定で復活させた。期間は4月20日から5月末まで。値段は１６００円。フレンチ料理店なら格安だが、居酒屋の一品料理としては、高い価格帯である。せっかくの記念料理なのに、お客様に食べていただかなければ意味はない。そこで、優良顧客に限っては、この1600円の記念料理を480円で優待することとした。その「優待券」を作成し、「お手紙」を付け、後述する「ニュースレター」を同封し、3点セットでお客様にお送りした。

結論から言うと、同店はこの販促で過去最高の売上げを叩き出すのだが、「この成功の最大の要因は？」と聞かれれば、間髪入れずにこう答える。

「誰に送るのか」だ

当時、同店の顧客管理ソフトには7500人のお客様が登録されていた。そのお客様の中から、上位841人のお客様に絞って、ダイレクトメールを送った（ここで言う「上位」という意味については、本書を読み進めることで理解していただけるので、ここでは割愛）。

この「お客様を絞る」というのが、成功の最大要因である。

もちろん、企画も重要だ。しかし、いくら秀逸な企画であっても、7500人のお客様全員にダイレクトメールを送るとどうだろう？　そう、経費がいくらあっても足りない。

仮に1通にかかる経費を（単純に切手代と印刷代と封筒代として）、計算しやすく10

0円としてみよう。すると、7500人にダイレクトメールを送れば、75万円もの経費がかかる。普通の飲食店であれば、とてもではないが使えない金額だ。いや、大手飲食店であっても一度に75万円は、かなり勇気が必要な金額だろう。

そこを、反応があるお客様だけに的確に絞る。同店であれば841人に絞った。1通100円として計算すると、かかった経費はわずか8万4000円で抑えられた。もちろん、いくら経費を抑えても、ダイレクトメールの反応がなければ意味がない。では、どのくらいの反応があったのか？

驚くなかれ、この優待券を持って、**何と199組が来店した**（飲食店では、複数人で来店するので「組」という表現をとる。同店であれば1組平均3人なので、人数にすると約600人を集客できた計算になる）。

わずか841人に送ったダイレクトメールで、199組が来店したのだ。**反応率は23・7％**。通常、ダイレクトメールの反応率は2〜5％程度と言われているので、この23・7％という反応が、いかに高い数字であるかがおわかりいただけるだろう。

さらに、この優待券を持ってきたお客様方の売上高を集計してみた。199組の売上合計は、**何と162万円**。わずか8万4000円の経費でだ。今の時代、8万4000円程度の費用で、162万円分ものお客様を連れて来てくれる販促があるだろうか？　まずあり

過去最高の業績を叩き出した「びいどろ」のDM（3点セット）

▶常連様への手紙

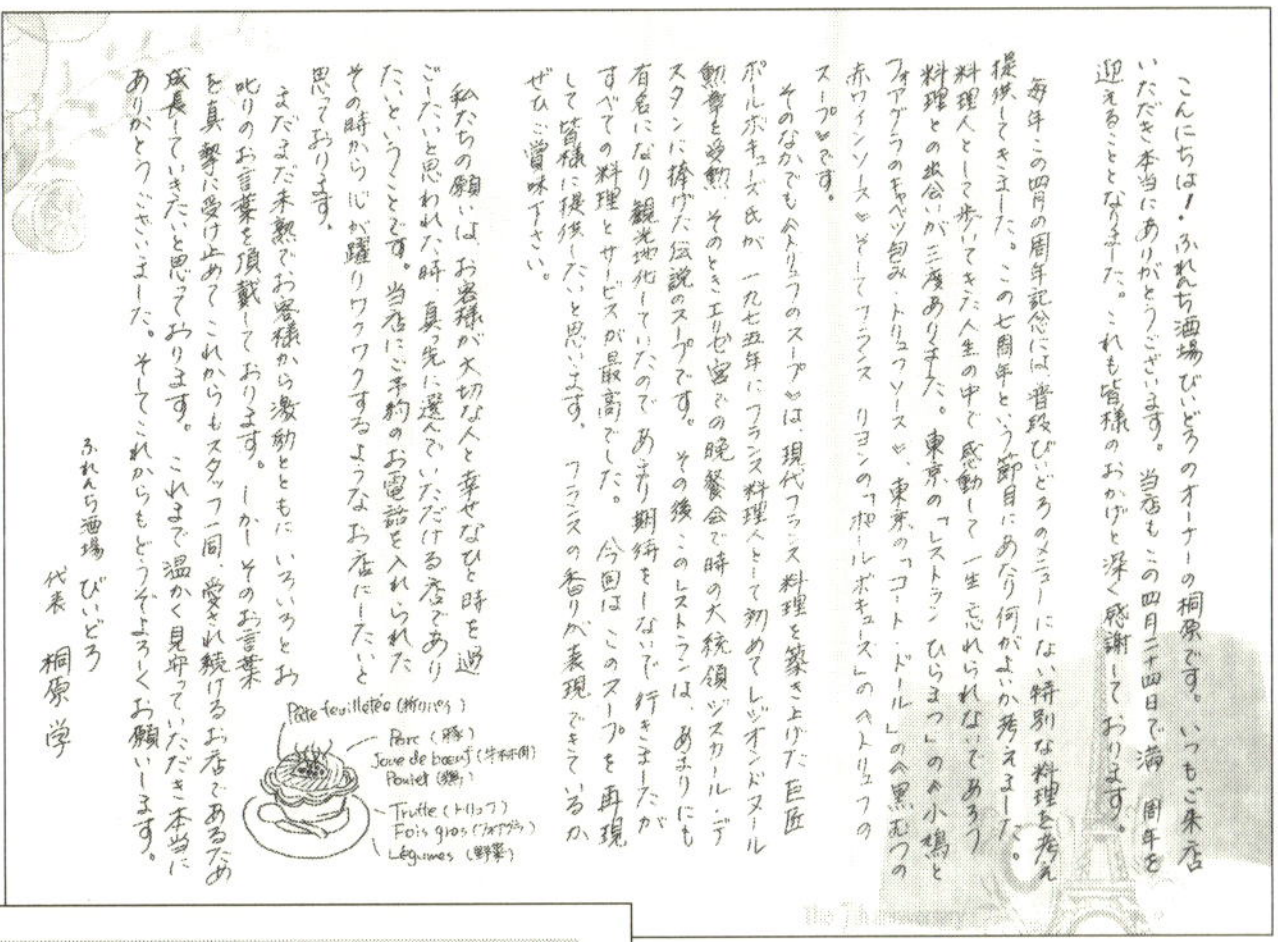
こんにちは！ふれんち酒場びいどろのオーナーの桐原です。いつもご来店いただき本当にありがとうございます。当店もこの四月二十四日で満7周年を迎えることとなりました。これも皆様のおかげと深く感謝しております。

毎年この四月の周年記念には、普段びいどろのメニューにない特別な料理を考え提供してきました。この七周年という節目にあたり何がよいか考えました。料理人として歩いてきた人生の中で感動して一生忘れられないであろう料理との出会いが三度ありました。東京の「レストランひらまつ」の〈小鳩とフォアグラのキャベツ包み・トリュフソース〉、東京の「コート・ドール」の〈黒むつの赤ワインソース〉そしてフランス　リヨンの「ポール・ボキューズ」の〈トリュフのスープ〉です。

そのなかでも〈トリュフのスープ〉は、現代フランス料理を築き上げた巨匠ポール・ボキューズ氏が一九七五年にフランス料理人として初めてレジオンドヌール勲章を受勲、そのときエリゼ宮での晩餐会で時の大統領ジスカール・デスタンに捧げた伝説のスープです。その後、このレストランは、あまりにも有名になり観光地化していたのであまり期待をしないで行きましたが、すべての料理とサービスが最高でした。今回はこのスープを再現して皆様に提供したいと思います。フランスの香りが表現できているか、ぜひご賞味下さい。

私たちの願いは、お客様が大切な人と幸せなひと時を過ごしたいと思われた時、真っ先に選んでいただける店でありたいということです。当店にご予約のお電話を入れられたその時から心が躍りワクワクするようなお店にしたいと思っております。

まだまだ未熟でお客様から激励とともにいろいろとお叱りのお言葉を頂戴しております。しかしそのお言葉を真摯に受け止めてこれからもスタッフ一同、愛され続けるお店であるため成長していきたいと思っております。これまで温かく見守っていただき本当にありがとうございました。そしてこれからもどうぞよろしくお願いします。

ふれんち酒場　びいどろ
代表　桐原　学

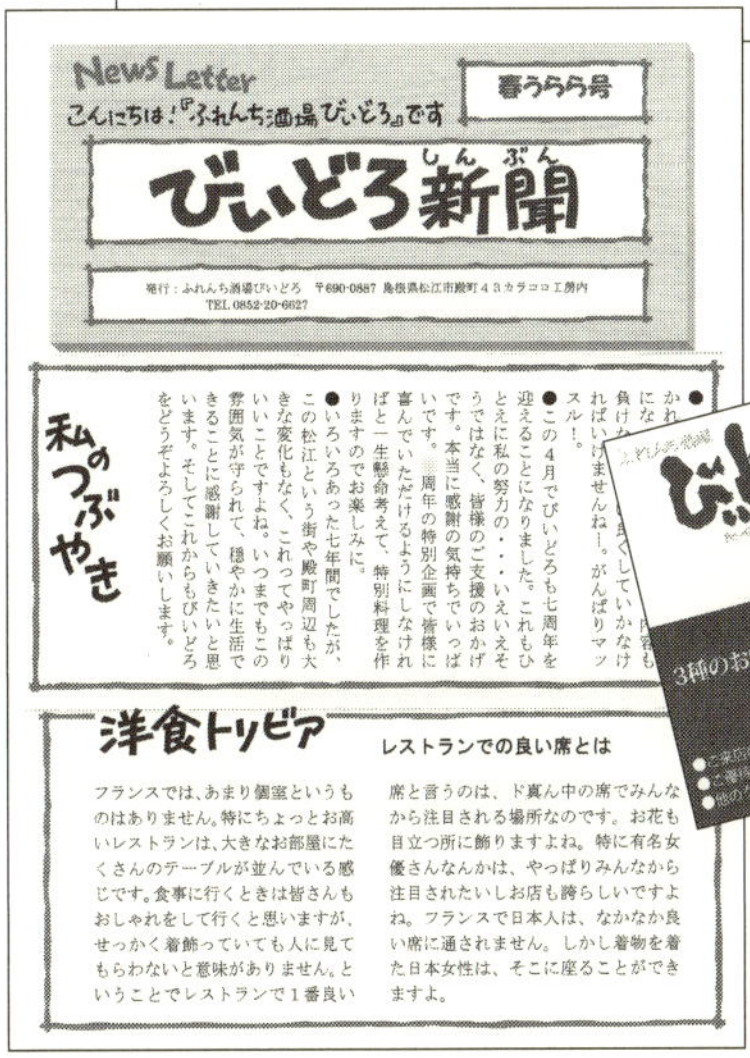
News Letter
こんにちは！『ふれんち酒場びいどろ』です
春うらら号
びいどろ新聞《しんぶん》
発行：ふれんち酒場びいどろ　〒690-0887 島根県松江市殿町４３カラコロ工房内
TEL.0852-20-6627

私のつぶやき

●かれ……になな……負けな……ればいけませんね！。がんばりマッスル！。

●この4月でびいどろも七周年を迎えることになりました。これもひとえに私の努力の・・いえいえそうではなく、皆様のご支援のおかげです。本当に感謝の気持ちでいっぱいです。周年の特別企画で皆様に喜んでいただけるようにしなければと一生懸命考えて、特別料理を作りますのでお楽しみに。

●いろいろあった七年間でしたが、この松江という街や殿町周辺も大きな変化もなく、これってやっぱりいいことですよね。いつまでもこの雰囲気が守られて、穏やかに生活できることに感謝していきたいと思います。そしてこれからもびいどろをどうぞよろしくお願いします。

洋食トリビア
レストランでの良い席とは

フランスでは、あまり個室というものはありません。特にちょっとお高いレストランは、大きなお部屋にたくさんのテーブルが並んでいる感じです。食事に行くときは皆さんもおしゃれをして行くと思いますが、せっかく着飾っていても人に見てもらわないと意味がありません。ということでレストランで1番良い席と言うのは、ド真ん中の席でみんなから注目される場所なのです。お花も目立つ所に飾りますよね。特に有名女優さんなんかは、やっぱりみんなから注目されたいしお店も誇らしいですよね。フランスで日本人は、なかなか良い席に通されません。しかし着物を着た日本女性は、そこに座ることができますよ。

◀ニュースレター

▲ご優待券

得ないだろう。おそらく、1桁（場合によっては2桁？）違う結果になるはずだ。
しかし、同店ではそのわずかな経費で、当時の過去最高の月間売上げを叩き出した。
つまり、「びいどろ最大の危機」を救ってくれたのは、常連様だったのだ。

ここで特筆すべきことは、桐原氏（さらにはこの後紹介する私の他のクライアント）は、このようなことを**「狙って」実施している**、ということだ。決して、この周年記念に限ったラッキーな反応ではない。「来月は100万円の売上げを作りたいな。だったら、こんな企画で700人にダイレクトメールを送れば、確実に100万円の売上げが作れるな」というのを**【とある方程式】**を使い、毎回狙って行なっているのだ。

狙って100万円の売上げを作る

その証拠に、桐原氏はこう語る。
「当店ではこれ以外にも、ハガキを使ったダイレクトメールを年4回ほど送っています。周年記念ではないので、手軽にハガキで、値引きやイベント中心のダイレクトメールです。ハガキなので、切手代と印刷代を合わせても1枚65円程度。周年記念以外では、お客様をさらに絞り込んで毎回700人程度にしか送りません。なので、かかる経費は4～5万円程度です。しかし、**毎回必ず100万円以上の売上げが上がります**。毎回、必ずです。ダイレクトメールを送った月は、忙しくて仕方がありません」

「4～5万円の経費で100万円以上の売上げ」。それを「毎回」「必ず」。驚きの言葉である。しかし、これは同店に限った話ではない。私のクライアントの多くから耳にする言葉だ。では、なぜそんなことができるのか？　答えはひとつ。

――そう。

「誰に送るのか」だ

これを間違えてしまっては、先の周年記念のような秀逸な企画をしても、ほとんど反応が出ない。桐原氏は、それも身をもって経験している。氏は、ある講演で語った。

「5周年記念ダイレクトメールがあまりにも反応がいいので、追加で1000部ほど送ってみたんです。上位客にはすでに送っていたので、それに続く1000名。いわゆる準上位客です。しかし、反応はわずか5組。かかった経費さえ回収できませんでした。反応が落ちることは頭ではわかっていたのですが、ここまで差が出るとは思いませんでした。的確に相手を絞ることがいかに重要かを、あらためて痛感しました」

それ以降、同店では900人を超えるお客様にダイレクトメールを送ることは、ほとんどなくなったという。しかし、その後も、過去最高の月間売上高を幾度も更新している。

参考サイト

◉ふれんち酒場びいどろ（http://www.be-doro.co.jp/）

変えたのは「商品」ではなく「売り方」

紹介した繁盛店、「美容室バグジー」と「ふれんち酒場びいどろ」。さらには、この書籍（あるいは私の過去の書籍）でご紹介する他の数々の繁盛店。いわゆる「厳しい時代においても売上げを伸ばし続けている繁盛店」には、ひとつの共通点がある。それは、商品を変えるのではなく、**「売り方」を変えることにより、劇的に商売を変化させたことだ。**

だからと言って、「商品を疎かにしてよい」と言っているのではない。バグジーにしてもびいどろにしても、「最高の商品」、「最高の接客」を、お客様に提供している。前述したように、バグジーで言えば、経済産業省が主催する「おもてなし経営企業選」全国50社の中に選出されるほどの接客力を持っているし、びいどろで言えば、桐原氏はフランスで星がつくレストランを渡り歩いた腕ききのシェフである。しかし、それでも新規集客に苦労したり、お客様がリピートしない時代があった。

つまり、そもそもきちんとした商品力・店舗力を持っていた。その上で、さらに「売り方を変える」ことで、本来持っている力を十二分に発揮した、ということだ。

さて、ここまでで、いかに既存客に焦点をあてることが重要かを、事例を交えてご紹介してきた。しかしまだ、「紹介された2つの店は特別だ」と思っている読者の方も多いだろう。

そこで次章では、その重要性を、データを使ってさらに決定的なものとして証明していこう。次章で、あなたは「固定客化」の重要性を確信することとなるだろう。

2章

データが証明する「お客様維持」の重要性

01

危険！お客様はこんなに減っている

恐るべき現実――顧客離反率40％

「顧客離反率」という言葉をご存じだろうか？「店から1年後にいなくなっているお客様の割合」のことだ。

さて、身の毛もよだつ話をしよう。実は現在、**この顧客離反率が40％を超えている店が増えてきている。**バブルの頃は、この数値が25％前後だったと言われている。しかしその頃は景気もよかった。25％のお客様がいなくなっても、それを補うだけの新しいお客様が獲得できたので、売上げも上がりやすかった。

しかし今、年間で40％もお客様がいなくなっている。近くには同業店や低価格店も増えている。それ以前に、今は人口減少時代だ。店周辺の人口自体が少なくなってきている。そういう状況の中で「いなくなった40％のお客様を、新しいお客様で補う」のが、とても

年間40%もお客様が減っていくと…

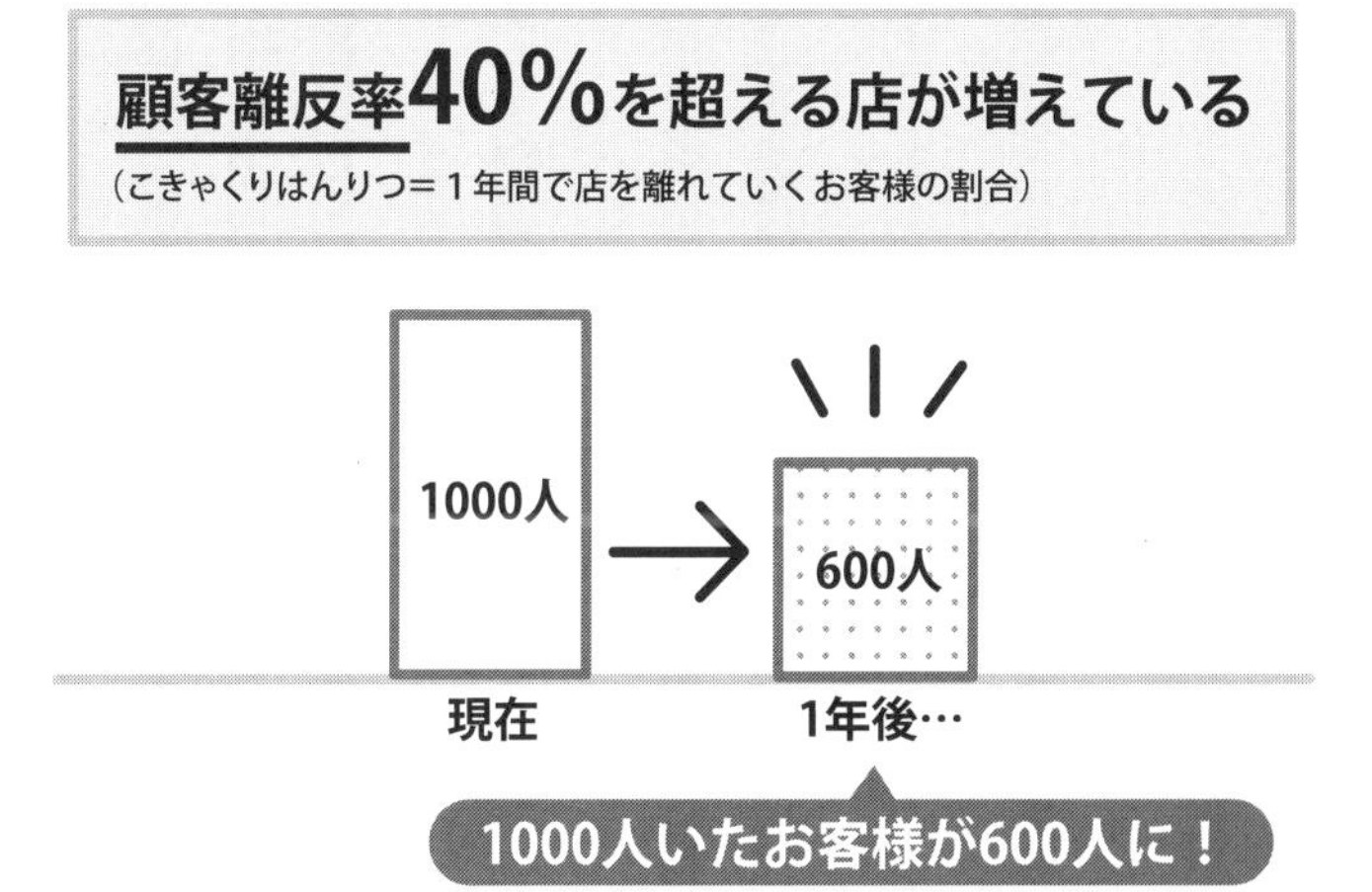
顧客離反率40%を超える店が増えている
(こきゃくりはんりつ=1年間で店を離れていくお客様の割合)
1000人
600人
現在
1年後…
1000人いたお客様が600人に！

難しい時代になっているのだ。

これが、いかに恐ろしいことなのか。具体的な数字で見ていこう。

たとえば、１年間で１０００人のお客様が利用している店があるとしよう。顧客離反率40%というのは、その１０００人の中から**１年後に４００人ものお客様がいなくなっている**ということだ。

これを、売上げで換算すればどうなるだろう?

仮に、あなたの店において「１人のお客様が年間平均で累計１万円の売上げを置いて帰っている」としてみよう。

その場合、４００人の失客というのは、そのまま**４００万円もの売上高を、お客様と一緒に失っている**、ということだ。

「うちの店では、1人のお客さんが年間平均で1万円も使わない」と思っているかもしれない。しかし実態は、飲食店であれば2万円を越えている店も多いし、美容院などであれば3〜4万円を越えている店も少なくない。仮に3万円とすると、年間400人失客していれば、1200万円もの売上高を、お客様と一緒に失っていることになる。

繁盛しているときには気づかない落とし穴

もちろんこれは、「ひどい店では」の話だ。あなたの店では、年間で40％もお客様を失ってはいないだろう。しかし、私のクライアントのデータで見ると、どんな繁盛店でも、年間で20％程度はお客様を失っている。ただ、私のクライアントなので、この本で紹介していく顧客戦略を徹底して行なっている。その結果、**お客様の離反率を20％に抑え込んでいる**、とも言える。

——ところが、**繁盛しているときはこれに気がつかない**。

「今、来てくれているお客様方が、このまま当店を一生涯利用してくれる」と思ってしまいがちになる。しかし、知らない間にジワジワとお客様は減っていき、数年後、「気づいてみると、お客様が半分になっていた」という店も少なくない。

だからこそ、今あなたの店が繁盛しているのであれば、「お客様を維持する」ことにも焦点をあててほしい。そうでなければ、その状態を維持できないのだから。

売上げが上がりにくい、そもそもの理由

逆に、「今どんどん売上げが下がってきている」という店もあるだろう。その場合、去年と比べて40％以上のお客様がいなくなっているかもしれない。そのまま同じ経営を続けると、ひどい場合は、翌年さらに40％のお客様がいなくなってしまうこともある。すると、1000人いたお客様は、2年後には、たった360人になっているのだ。

昔なら、この減ってしまったお客様を、新しいお客様で補いやすかった。だから、売上げは上がりやすかった。しかし、時が流れ、地域によっては人口そのものが減りはじめている。景気も決して安定していない。周りには低価格店も増えてきた。近所にはキレイな新しい店もできてきた。それに比べて、自分の店は年々古くなっていく。そんな状況の中で、「減ってしまった40％ものお客様を、新しいお客様で補う」というのは、なかなか難

2年後にはわずか360人に！

顧客離反率40％を超える店が増えている
（こきゃくりはんりつ＝１年間で店を離れていくお客様の割合）

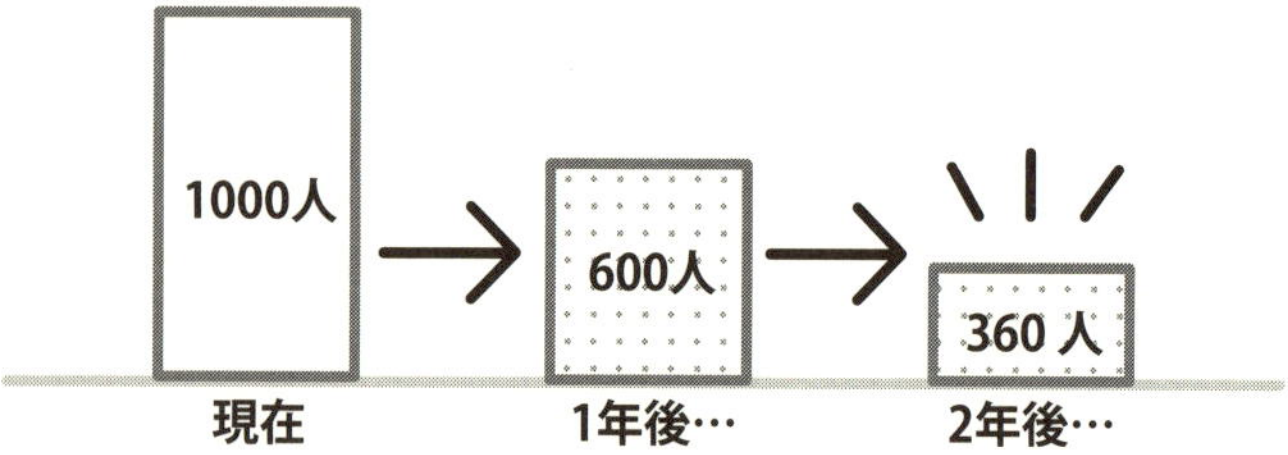

「売上を上げる」ためには、まず「売上げを減らさない」ことに焦点をあてる必要がある

しい時代になっている。

もちろん、ここを新しいお客様で補う努力も行なっていく必要がある。

しかし、売上げを上げるためには、そもそも**売上げを減らさないこと**に焦点を当てないと、なかなか売上げは上がっていきにくい。

この重要性を、さらにわかりやすく体感いただける理論がある。

「バスタブ論」というものだ。

02 お客様の流出を止める！「バスタブ論」

お客様でいっぱいになる正しい順番

「バスタブ論」とは、店舗経営をバスタブに見立てたものだ。店舗をバスタブ、お客様をお湯に見立てている。つまり、「あなたの店をお客様でいっぱいにするように、このバスタブにもお湯をいっぱいにしてみましょう」という理論だ。

現在、ひどい店では年間で40％、繁盛店でも年間で20％ものお客様が減っている。それをバスタブにたとえると、バスタブの底に「大きな穴」が開いていて、どんどんお湯が流れ出ている状態だ。このような状態に、あなたの店もなっている、というたとえだ。

——では、質問。

あなたが仕事を終えて自宅に帰り、ゆったりとバスタブに浸かっているとする。「今日も1日疲れたなー」などと思っていると、いきなりバスタブの底に穴が開き、どんどんお湯が流れはじめた。

　さて、その状態で、あなたはまず、どんな手を打つだろうか？

「下からお湯が流れ出ていたって、そんなの関係ない。流れ出しているお湯は放ったらかしにして（つまり、下からお湯をガンガン垂れ流しのまま）、上から新しいお湯をガンガン注いで、無理矢理バスタブをお湯でいっぱいにする」。そんな人は、ほとんどいないはずだ。バスタブがこんな状況なら、まずあなたは……穴にフタをするはずだ。

　つまり、まずはお湯の流出を

さあ、あなたならどうしますか？

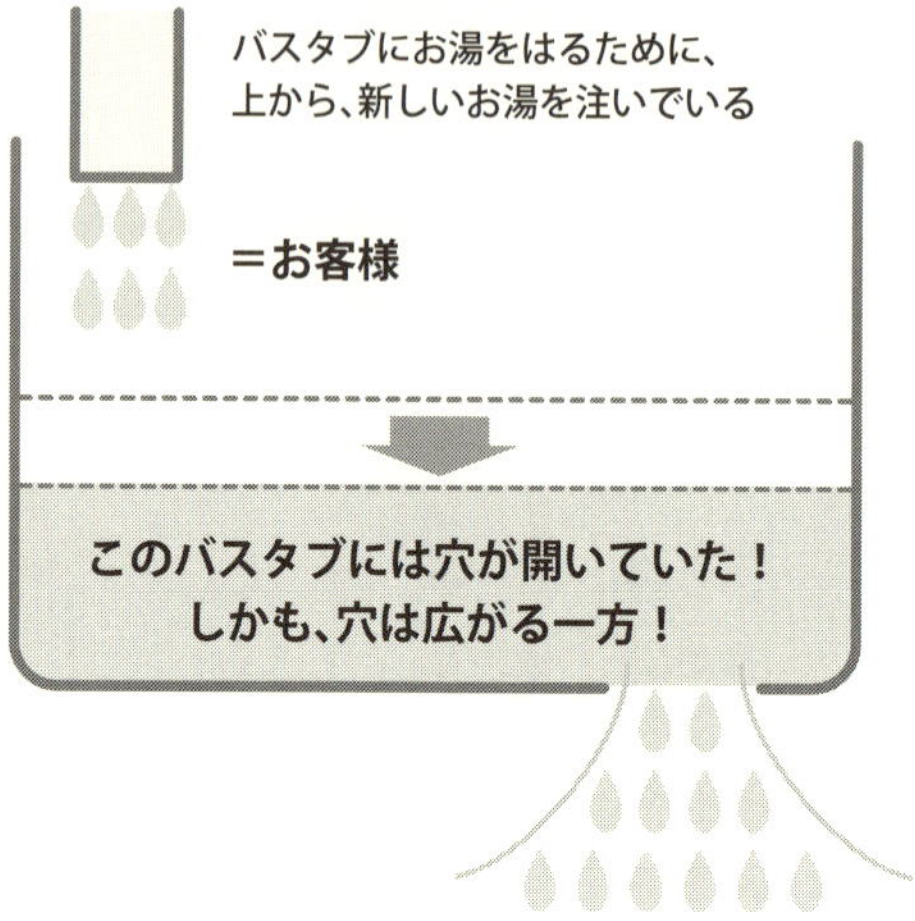
バスタブにお湯をはるために、
上から、新しいお湯を注いでいる
＝お客様
このバスタブには穴が開いていた！
しかも、穴は広がる一方！

止める。その後からお湯を注いでいけば、そのうち必ずバスタブはお湯でいっぱいになる。ほんのわずかずつのお湯を注いでも、だ。

今、あなたの店もこのような「穴開きバスタブ」状態になっているにもかかわらず、お客様の流出（＝お湯の流出）には、ほとんど目を向けず、新しいお湯をガンガン注ぎ込むかのように折り込みチラシやフリーペーパーを使って、新規客ばかりを集めようとしてしまう。もちろん、それはそれで行なう必要もある。しかし、いくらたくさん

まずは、お湯の流出を止める！

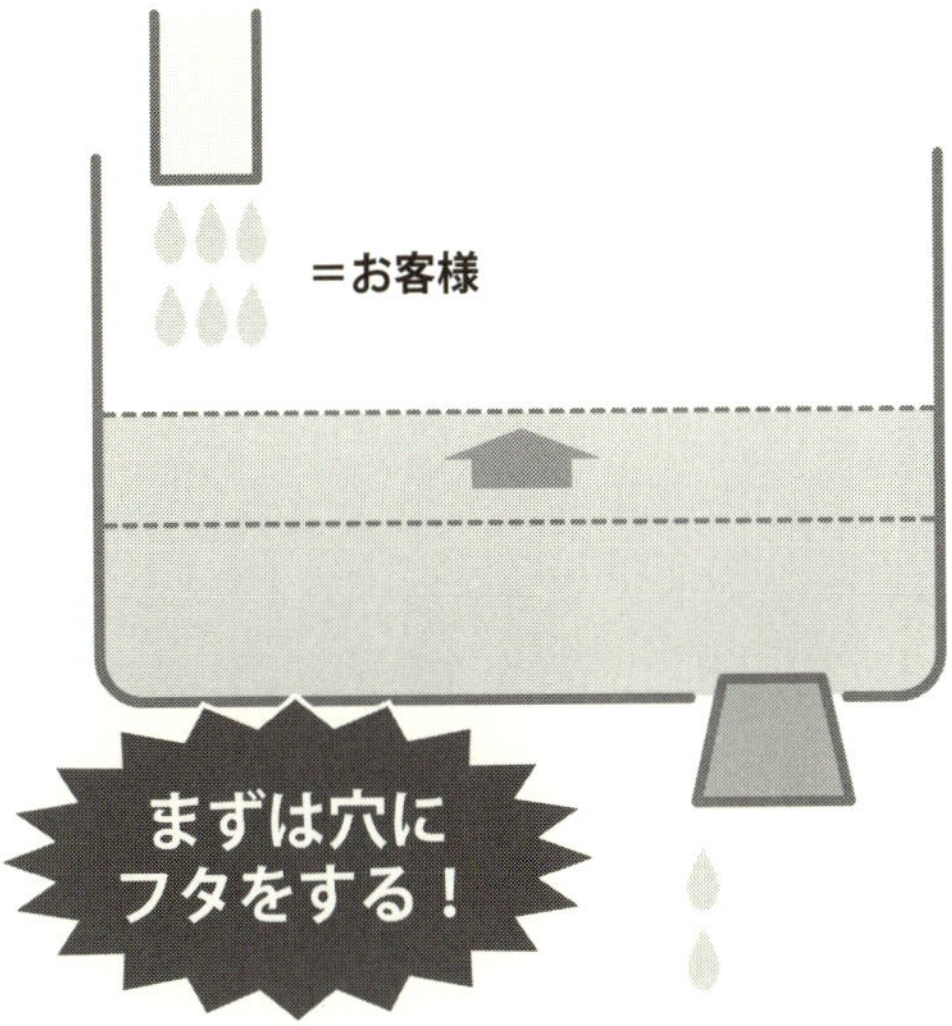

の経費を使って新規客を集めたって、どんどん既存客に逃げられてしまっては、なかなか店はお客様でいっぱいにはならない。

店舗経営も一緒。

❶まずは、お客様の流出を止める
❷その後から、新しいお客様を増やしていく

この順番を間違えなければ、あなたの店も必ずお客様でいっぱいになるはずだ。

すべてのお客様の流出を止められるのか?

では、「すべてのお客様の流出」を止められるのか?

これが「店舗経営」と「バスタブ」は違うので、現実的にはそんなことはできない。自然流出と言われている転勤や転校でさえ、高いエリアでは7%以上あると言われている。これは店の努力では解決しようがない。

——しかし、だ。

あなたの店では、「すべてのお客様の流出」を止める必要はない。

実は、**「ある特性」を持つ「少数のお客様」さえ維持できれば、売上げのほとんどが維持できる**のだ。

その驚愕の事実を証明しよう。

03

「顧客層ピラミッド」で、お客様を囲い込め！

お客様を「4つの客層」に分ける

――「ある特性」を持つ「少数のお客様」の流出を止めるだけで、売上げのほとんどが維持できる。「そんなことできるはずがない」と思われるかもしれないが、それを「顧客層ピラミッド」を使って証明していこう。

左図の「顧客層ピラミッド」とは、お客様を「客層別」に分類したものだ。客層は4つに区分され、上にいけばいくほど、「よいお客様」を表わしている。しかし、よいお客様になるほど、人数は少なくなっていく。なので、客層を人数で表わすと、上のほうが細くなっていき「ピラミッド」を形成することとなる。

では、何を基準にお客様を4つに分けるのか？　先ほどは「上にいくほどいいお客様」と説明した。なので、「利用回数」が多いお客様ほど、上の客層に位置すると思われがち

顧客層ピラミッド

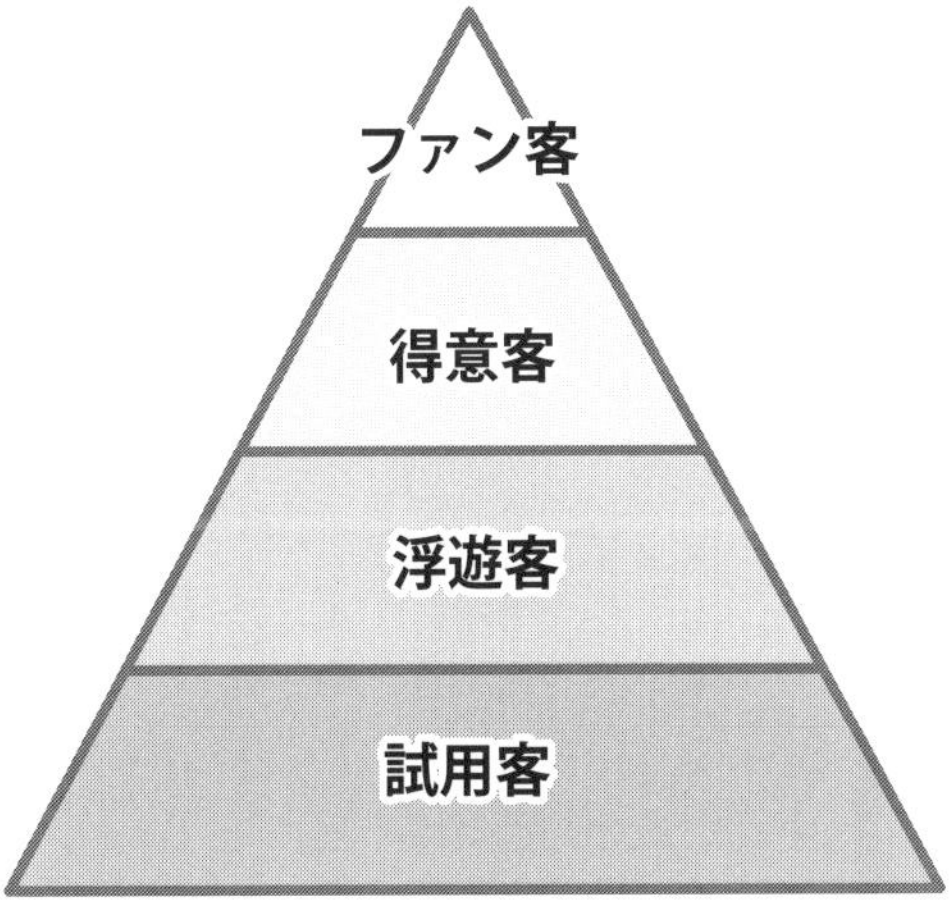

だ。

しかし、**そうではない**。たしかに上の客層ほど回数が多い傾向はある。だが、第3階層の「浮遊客」のお客様の中に、最上位階層の「ファン客」のお客様よりも利用回数が多いお客様が存在することもある。つまり、回数だけを見ると、お客様はバラバラに点在しているのである。

では、利用回数が関係ないとすれば、いったい何を基準に、お客様を「いいお客様」として判断すればいいのだろうか？　それは、

「累計売上高」だ

厳密に言うと、「お客様1人当たりの

1年間の累計売上高」ということになる。

つまり、年間を通して、回数に関係なく、**当店により多くの累計売上げを置いて帰ってくれたお客様**。そのお客様から「いいお客様」と判断するのだ。

たとえば飲食店なら、「毎日ランチ500円を食べに来てくれるお客様」よりも、「年に4回しか来ないけれども、20人を引き連れて大宴会をしてくれるお客様」のほうが、年間累計売上げが高かったりする。そのお客様を「いいお客様」と判断する。

また美容室であれば、「毎週必ずシャンプー2000円をしに来てくれるお客様」よりも、「年に3回しか来ないけれども、毎回カット・カラー・パーマ・トリートメント・ヘッドスパ・ネイルをしてくれるお客様」のほうが、年間累計売上げが高い場合がある。そのお客様を「いいお客様」と判断するのだ。

ちょっとドライな考え方だが、あくまでもデータの見方の話だ。このようなデータの見方をしていくと、後述するが非常に面白い事実がわかることとなる。

「お客様ごとの年間売上ランキング表」を作る重要性

つまり、あなたの店では、今後**「お客様ごとの年間売上ランキング表」**を作る必要がある。これを作らなければ、客層を判断することができないからだ。

しかし、このようなことを、ほとんどの店がやってこなかった。

やってこなかった理由としては、大きく2つ考えられる。

まずひとつ目は、「お客様情報を集めてこなかった」からだ。たとえば飲食店や菓子店、あるいはカジュアルな洋服店などでは、お客様情報が集めにくい。なので、お客様情報を集めてこなかった。でもそれは、集められなかったのではない。集めてこなかったのだ。その証拠に、私のクライアントの方々は、飲食店や菓子店であってもお客様情報を集めている。もちろん、「効果的な集め方」というのはあるが、まずは「集めること」が重要だ。

一方、美容室では、お客様情報を集めている店が多い。お客様も「美容院では最初に名前や住所を書くものだ」と思っている。だから、初回に「これにご記入ください」とお願いすれば、多くの方が抵抗なく書いてくれる。そんな恵まれた状況下でも、「お客様ごとの年間売上ランキング表」などは作ってこなかった。それが次の2つ目の理由だ。

2つ目は、「不特定多数のお客様を相手にして商売が成り立っている」と思われていたからだ。

特定少数のお客様を相手にしている商売（たとえば、銀行やメーカー、商社など）では、去年1年間の得意先ごとの売上高を集計して、翌年の販売計画を立てるのは、当たり前とも言える重要な戦略となっている。

一方、店舗経営の場合は「年間を通して、たくさんのお客様に利用してもらい、満遍なく売上げが成り立っている」と思われていたので、「お客様ごとの年間売上ランキング表」などを作成してこなかった。

――ところが、だ。

実は今、データを見ていくと、どんな店であっても、

商売は、「特定少数」のお客様に支えられて成り立っている

ことが、はっきりとわかるようになった。それを証明していこう。

04 店を支える「特定少数」のお客様とは？

お客様データは1年分しか使わない

たとえば、1年間で1000人のお客様が利用している店があるとしよう。この店は、1000人のお客様で、年間3000万円の売上高を構成しているとする。

ここで、まず重要なポイントがある。

顧客戦略上、お客様データは過去1年間分しか使わないことだ（もちろん、これは業種によって差がある。たとえば車などの買い換えサイクルの長い商品であれば最低3〜5年で見たほうがいいかもしれないし、住宅などもっと長い期間で見たほうがいい業種もある）。

だから実際には、次ページ図のように2年、3年、4年、5年と大きなピラミッドがあ

お客様データは過去１年分しか使わない

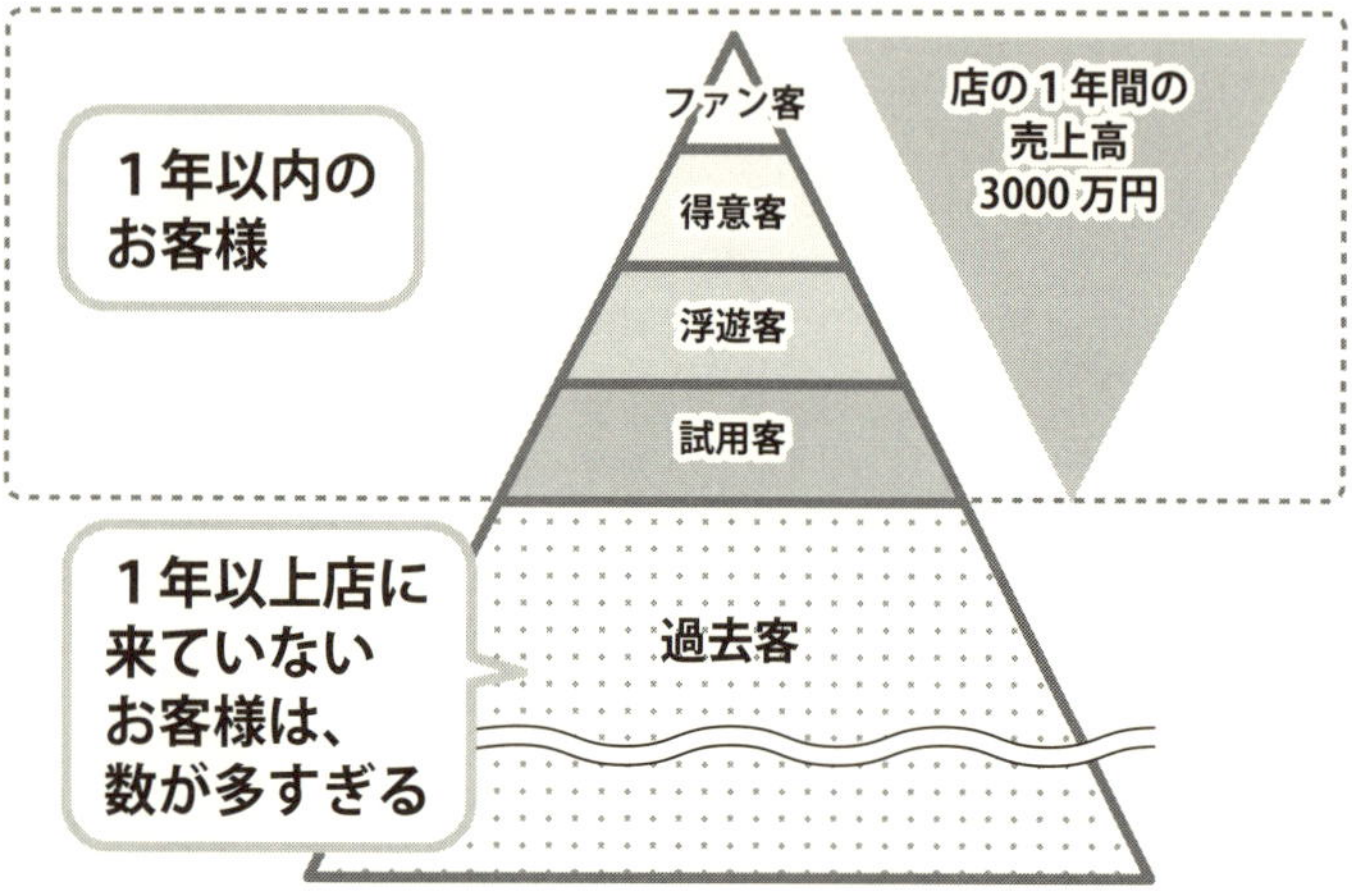

るのだが、データは1年間分しか使わない。

いや、1年以上経過したお客様にダイレクトメールを送って、まったく反応がないのかというと、そんなことはない。反応があるお客様もいらっしゃる。しかし、「1年以上利用していないお客様」はあまりにも数が多すぎる。そんなお客様全員にダイレクトメールを出したら、経費がいくらあっても足りないのだ。

「全員ではなく、そのお客様の中から適当に絞って送ればいいじゃない？」と言われることもある。だが、私はそれさえも（積極的には）おすすめしない。

なぜなら、その店を1年以上も利用し

ていないのは、「何らかの理由があって、1年以上利用していない」からだ。

わかりやすい話、「転勤や転校をして、近くに住んでいないお客様」かもしれないし、「他のお店に浮気してしまって、そっちに定着しているお客様」かもしれない。「会社の業績が思わしくなく、あまりお金が使えなくなったお客様」かもしれない。

もちろん、100人いれば100人とも理由は違うだろう。

だが、大事なポイントは、理由が何であるかはまったく関係がない、ということだ。**1年もの間、あなたの店を利用していないという「現象」のほうが大事なのだ。**

そのような状況にあるお客様にダイレクトメールを送っても、来てくれるお客様はほんのわずかだ。経費をかけた割には非常に厳しい反応しか出てこない。これは過去にたくさんの店で試していただいたが、基本的にはそういう結果にしかならなかった。

顧客管理の神髄とは？

そこで、あるタイミングから、発想を切り替えた。それ以降だ。私のクライアントの多くが売上げを伸ばしはじめたのは。私は、「顧客管理って、いったい何？」と問われたら、次の一言で説明する。

顧客管理とは、「来なくなったお客様にアプローチしてまた来てもらうこと」ではなく、

「そもそもが、来なくならないようにすること」


これが、顧客管理の神髄なのだ。

つまり、1年以内のお客様にアプローチして、**来なくならないようにすれば**、「1年以上利用していないお客様」が生まれることはない。もちろん、とても難しいことだし、すべてのお客様がそうなるわけでもない。しかし、顧客管理の究極の目的はそういうことだと考えている。

問題は、「1年以上もあなたの店を利用していない」ことなので、そうならないよう、根本にメスを入れなければならない。

1週間前のお客様だけを大事にして売上260％！「北九州市・釜めしもよう」

この考えを、さらに緻密に行動した店がある。

北九州市の飲食店「釜飯宅配・お持ち帰り専門店釜めしもよう」（以下「釜めしもよう」）だ。その代表である前田展明氏は数年前、私の講演を受講した際に、「お客様が来なくならないようにする」ことの重要性に気づいた。

ただ、前田氏にとっては、過去１年のお客様に絞り込んでも、それさえも多く感じられた。なぜなら、過去１年のお客様情報を整理するのにとてつもなく時間を要し、行動するのに時間がかかると考えたからだ。当時、経営がうまくいっておらず、抱えた借金は５０００万円。自己破産まで考えていた氏にとっては、あまり時間が残されていなかったのかもしれない。

ところが、これが功を奏す。

氏は、まず「過去１週間のお客様」だけに焦点をあてたのだ。それを翌週になると２週間、その翌週は３

▲売上前年比 260%を実現した「釜めしもよう」

週間と、「来なくならないようにする」お客様の対象を1週間ずつ増やしていく。

こうして、1週間ずつ増やしていくことで、結果52週間後には1年分のお客様が来なくならないようになっている。

その後は、毎週データをスライドさせ、過去1年間分のお客様だけに絞り込みアプローチしていった。

結果、売上げはジワジワと上昇しはじめる。**3年後には、何と売上前年対比260%。**現在でも100ヶ月以上連続して売上げを伸ばし続けている。

当然、借金問題も解決。大きな飲食店経営者として成功されている。


前田氏は、まずできることに手を打った。できない理由を考えるのではなく、どうすればできるかを考えて行動した。その結果、大きな成功をつかんだのだ。

多くの経営者が、この小さな一歩を踏み出さない。いくら大きなことをしようと、しっかりした準備をしても、踏み出さなければ小さな結果さえ生むことはできない。

しかし、仮に小さな一歩ではあっても、踏み出し続ければ、前田氏のように大きな結果をつかむこととなる。

反応率20%を超える「釜めしもよう」のダイレクトメール

参考文献

◉『地域ダントツ一番店がやっている「無敵」の集客術』前田展明（同友館）

参考サイト

◉釜飯お取り寄せ・通販　釜めしもよう（http://www.kamamesi.com/）

4つの客層の分け方とは？

では、「客層」とは、どのように分けられるのだろうか。あらためて、客層ピラミッドを使って説明していこう。

年間1000人のお客様が利用している店の場合。ピラミッドの中には上から下に、売上ランキング1位から1000位までのお客様が並んでいることとなる。

そのときに、**上から数えて10％の割合を占めるお客様を「ファン客層」と呼んでいる。**つまり1000人いれば、売上ランキング1位から100位までのお客様がファン客層だ。

前述したように、利用回数は関係ない。次ページの図を見てほしい。ファン客層を拡大

客層の分け方

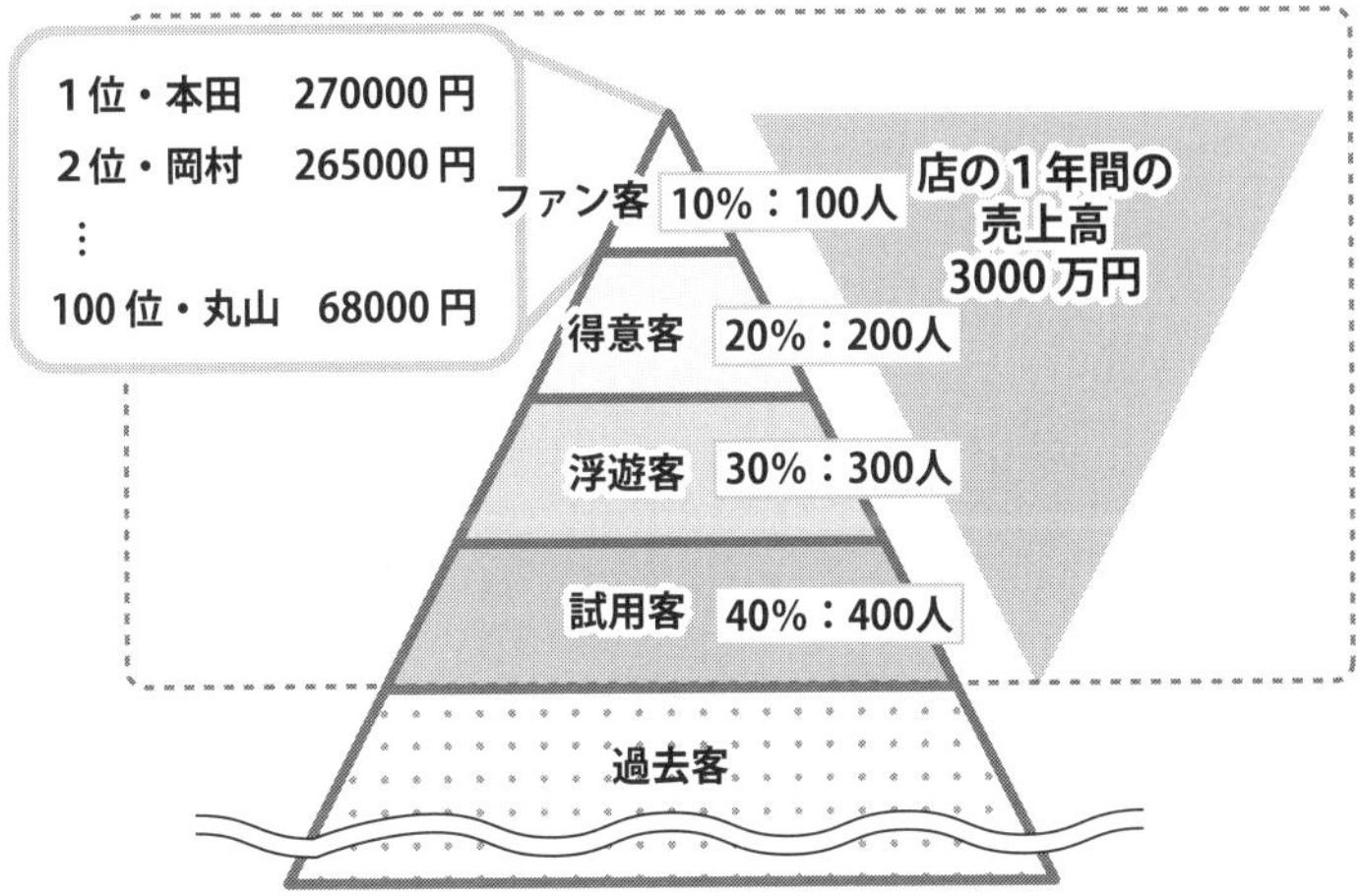

してみると、1位の本田さんは、年間27万円利用しているが、回数で見ると3回しか利用していないかもしれない。一方、2位の岡村さんは、年間26万5000円の利用だが、回数で見ると50回も利用しているかもしれない。それでも、とにかく回数は関係なく、「年間を通して累計で、より多くの売上げを置いて帰った」上から数えて10％の割合を占めるお客様を、私たちは**「ファン客層」**と呼んでいる。

ファン客層に続く20％の割合のお客様を**「得意客層」**と呼ぶ。売上ランキングだと101位から300位の200人のお客様だ。

得意客層に続く30％の割合のお客様が、**「浮遊客層」**。301位から600位までの300人のお客様だ。

残りの40％のお客様が**「試用客層」**で、601位から1000位までとなる。

あなたが知らなかった大事なお客様

私のクライアントには、先の要領で売上ランキング表を作成し、客層を把握していただく。その客層ごとに、目的を持って販促を打ち分けるのが「顧客戦略4つのステップ」の特徴となる。

さて、あなたが初めて自店の「お客様ごとの売上ランキング表」を目にしたとき、驚くような事実に遭遇するだろう。ファン客層の中に、あなたが想像もしなかったお客様の名前を見つけることになるからだ。

「年に数回しか利用していないのに、田中さんが3位なの？」

1人だけではない。意外な名前を複数目にすることだろう。場合によっては、「5位の佐藤さんって…誰よ?」ということすらあるかもしれない。

そんな（あなたが知らなかったような）お客様方が、あなたの店にたくさんの売上げを置いて帰っていたことに驚くだろう。大きな問題は、そんな大事なお客様方を、今まで**「その他大勢のお客様」と同様に扱っていたことだ。**

たくさんのお金を支払っているお客様が、その他大勢のお客様と同じ扱いを受けている。お客様の気持ちはどうだろう。決して気分はよくないはずだ。

「この店、私のことわかっているのかしら?」

そんな気持ちにさえなっているかもしれない。


だが、店がファン客層を把握すると、それだけで売上げが上がりはじめることがある。

なぜなら、**あなたの感謝の気持ちが、接客や態度ににじみ出るようになるからだ。**

「いつも、たくさんありがとうございます」という言葉が、心からにじみ出るようになる。お客様はその接客に安心することだろう。

「あっ、わかってくれているんだ」

結果として、それが売上げに反映されることとなる。

売上げのほとんどを占めるお客様とは？

話を本筋に戻そう。

問題は、「1年後、40％以上のお客様がいなくなっている」ことだ。

仮に、あなたがお客様を維持するために、「すべてのお客様に毎月ダイレクトメールを送りたい」と思ったとしよう。だが、それはやってはならない。なぜなら、繰り返し述べているように、店舗の経費には限りがあるからだ。すべてのお客様に毎月ダイレクトメールを送るなんて、経費がどれだけあっても足りないはずだ。

――しかし、だ。

お話ししたように、店の売上げのほとんどは、「ある特定少数のお客様」によって支えられて成り立っている。つまり、**その少ない数のお客様さえ囲い込めれば、売上げのほとんどが維持できるのだ。**

では、いったいどのお客様を徹底して囲い込んでいけばいいのか？

「ファン客層」のお客様は、1年間で絞り込んだ中でも10％しかいない、非常に少ないお客様だ。ただ、人数は少ないが、1人あたりの年間累計売上高は、たくさん使っているお客様ばかりが集まっている。ということは、人数が10％しかいないからと言って、「ファン客層全員が占める売上げの合計も、全体の10％しかない」ということはないはずだ。

そこで、顧客管理ソフトを使ってもらっている店のデータを集めて、平均値を取ってみた。

すると、衝撃的なことがわかったのだ。

実は、店の売上高は、この上位わずか10％のファン客層のお客様だけで、**年間売上高の、なんと……**

45％を占めていたのだ。

つまり、今まであなたは「私の店は、たくさんのお客様に利用してもらって、売上げが成り立っている」と思っていたかもしれないが、実態はそうではない。

上位わずか10％のお客様たちだけで、年間売上げの約半分が占められていたのだ。

さらに面白いのはこの次。得意客層のお客様は、ファン客層の2倍の人数が存在する。人数が2倍もいるのだから、当然「得意客層全員の売上げの合計は、ファン客層よりも多い金額」と思いがちだ。

ところが――。

分析してみると実際は、ファン客層よりも少ない売上げしか占めていなかった。人数はファン客層の2倍もいるのに、売上げはそれ以下なのだ。

ただ、それでも年間売上高に対する割合からすると、30%も占めている。やはりこの得意客層も、非常に影響力が大きい大事なお客様ということになる。

ファン客層だけで売上げの45%を占めている

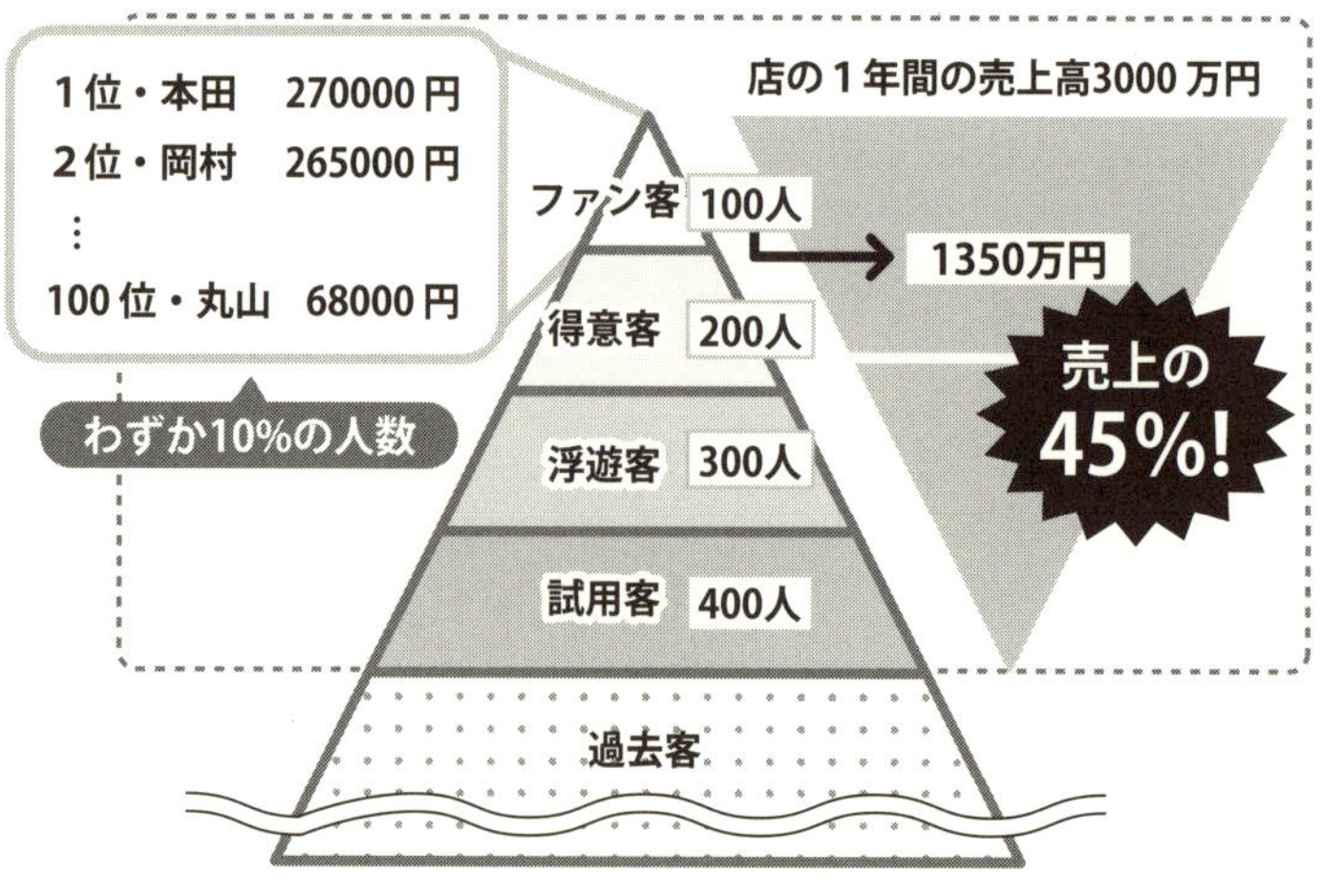

得意客層で売上げの30%を占めている

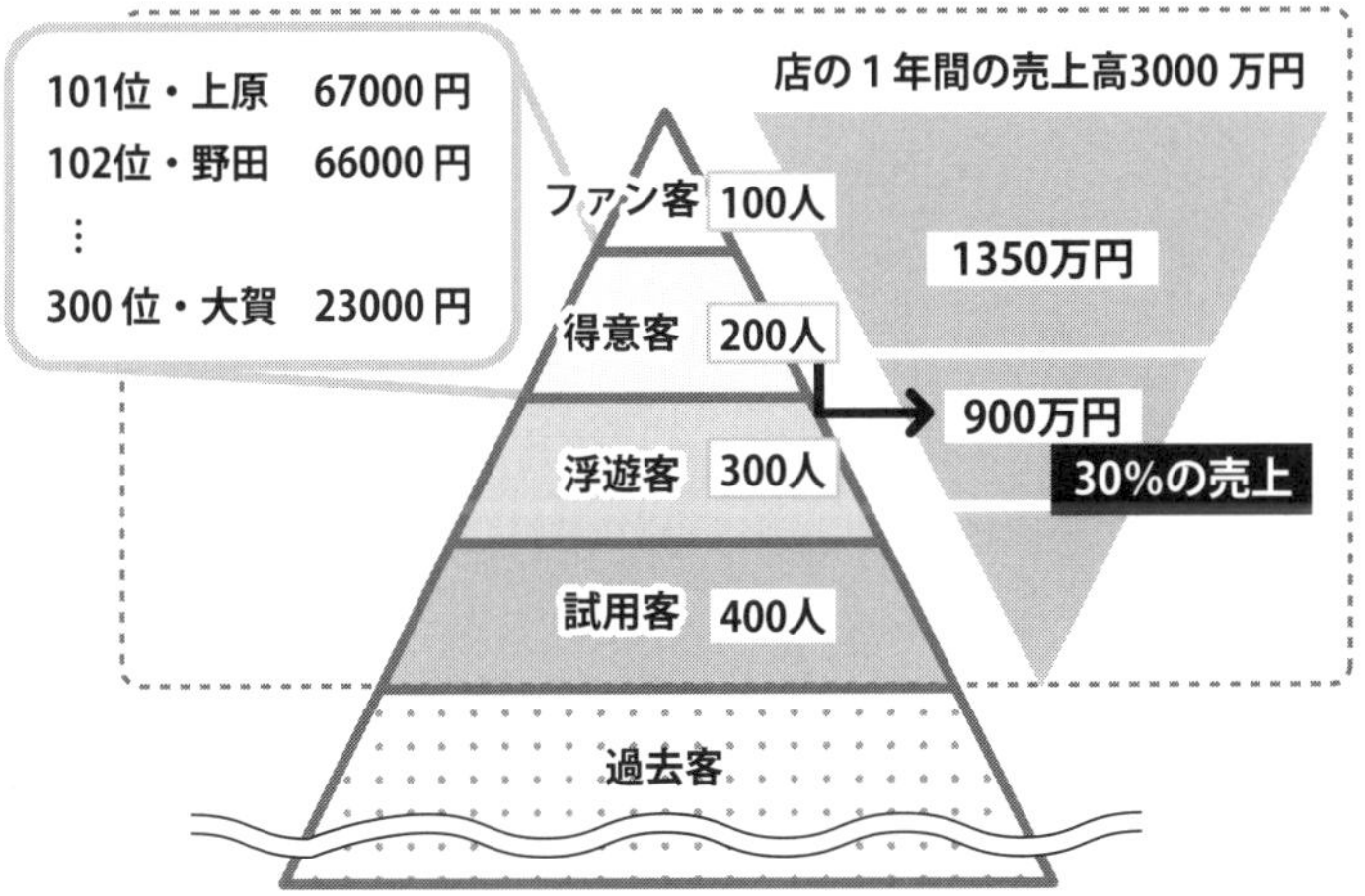

では、ここまでの分析でいったい何がはっきりとわかったのか？

実は、店の売上高は、この「ファン客層」と「得意客層」を足した上位3割ほどのお客様たちだけで、**年間売上高の何と75%が構成されているのだ。**

つまり、あなたの店においても、**商売の実態は、この「特定少数のお客様」に支えられて成り立っている**、ということだ。

ただ、こんな話をしても、「これは、ちょっと特殊な例じゃないの？」とか、「これは、高田さんの平均値かもしれないけれど、うちの店だけはこの比率とは違うと思うよ」と、（今のあなたが、そうであるように）ほとんどの方が思ってしまう。

しかし、私は今までに1000店舗以上のデータを見てきた。その結果、いまだかつて、この比率から大きく外れている店とは巡り会ったことがない。店舗の規模や場所も関係がない。例外なく、すべての店でこのような比率になっていた。

もちろん、データなので、ブレはある。上位3割のお客様で60％しか占めていない店もあったし、逆に、上位30％のお客様で90％の売上高を占めている店もあった。しかし、どの店でも共通して、「少ない数のお客様で、多くの売上げ」を占めていた。その平均が、

上位30％のお客様で売上げの75％を占めている

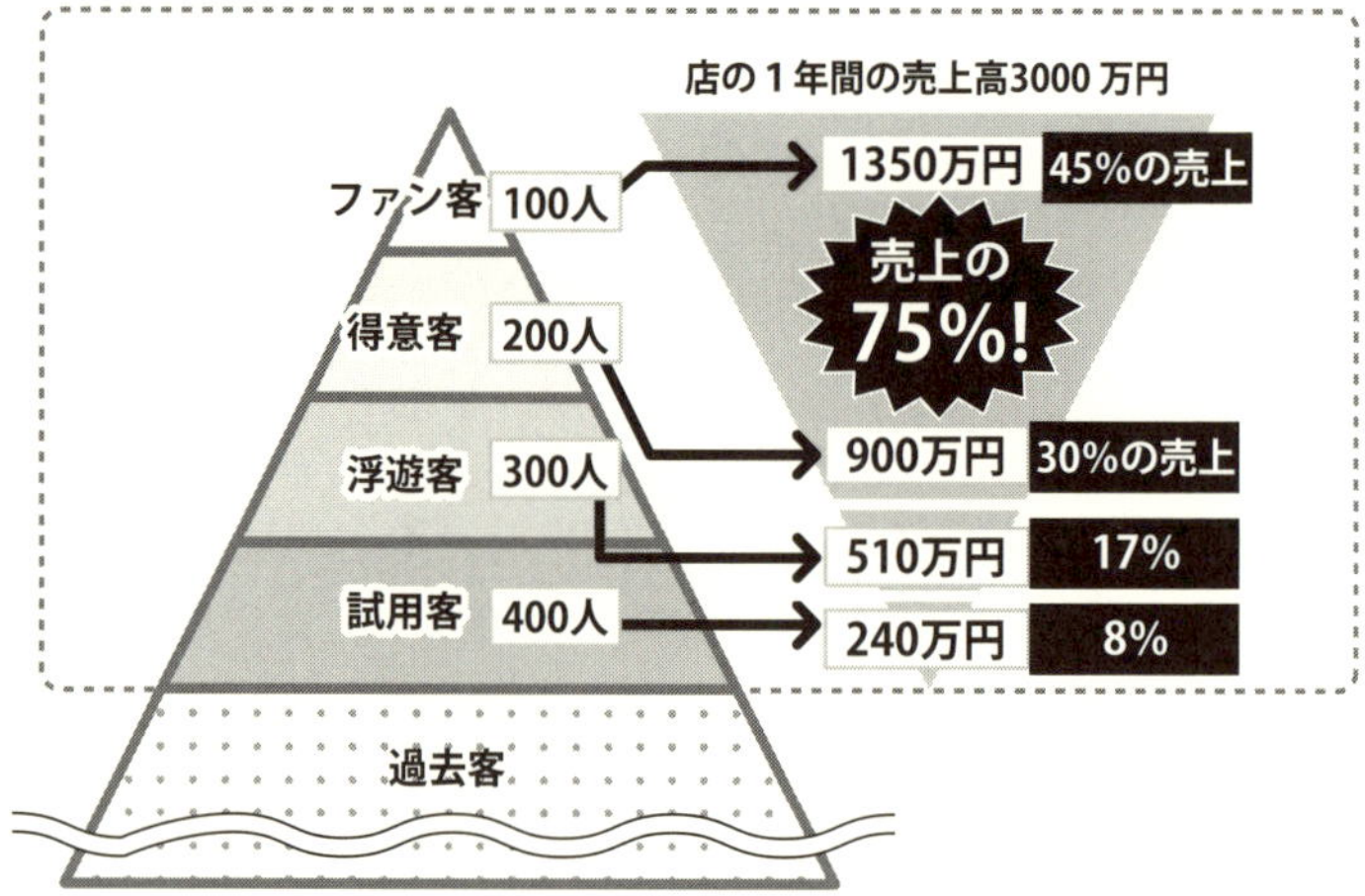

30対75になっているということだ。

つまり、あなたの店でも、基本的には（というか、この数字については必ず）、このような比率になっているのである。

わずか30％のお客様が維持できれば、売上げのほとんどが維持できる

問題は、この中から「1年後、40％以上のお客様がいなくなっている」ことだ。

お客様を維持するために、すべてのお客様に毎月ダイレクトメールを出し続けることは不可能だ。なぜなら、経費がいくらあっても足りないからだ。

しかし、あなたの店の売上げの75％は、上位わずか30％のお客様によって占められている。店の限られた経費を、上位客に集中して使えば、手厚いフォローができる。その結果、**そのわずかな上位客が維持できれば、売上げのほとんどが維持できるのだ。**

「お客様の維持」などというと、保守的に聞こえるかもしれないが、結果的には業績向上に直結する。なぜなら、「ファン客層」と「得意客層」の売上げが上がるからだ。

上位客層に手厚くダイレクトメールを送っていくと、必然的に、そのお客様の利用回数

や客単価は上がっていくだろう。では、「ファン客層」と「得意客層」の売上げが10％上がったら、どうなる？　どこの売上げが10％上がることになるか？

——そう。

売上げが年間の75％をも占める部分が10％上がるのだ。

ここで思い出してほしい。小学生の頃に習った「てこの原理」を。小さな力で大きなものを動かす、あれと同じだ。まさに、少ないお客様に力を注ぐからこそ、大きな売上げが動くのである。

つまり今後は、「ファン客層」と

「少ない数」のお客様で「大きな売上が」が動く

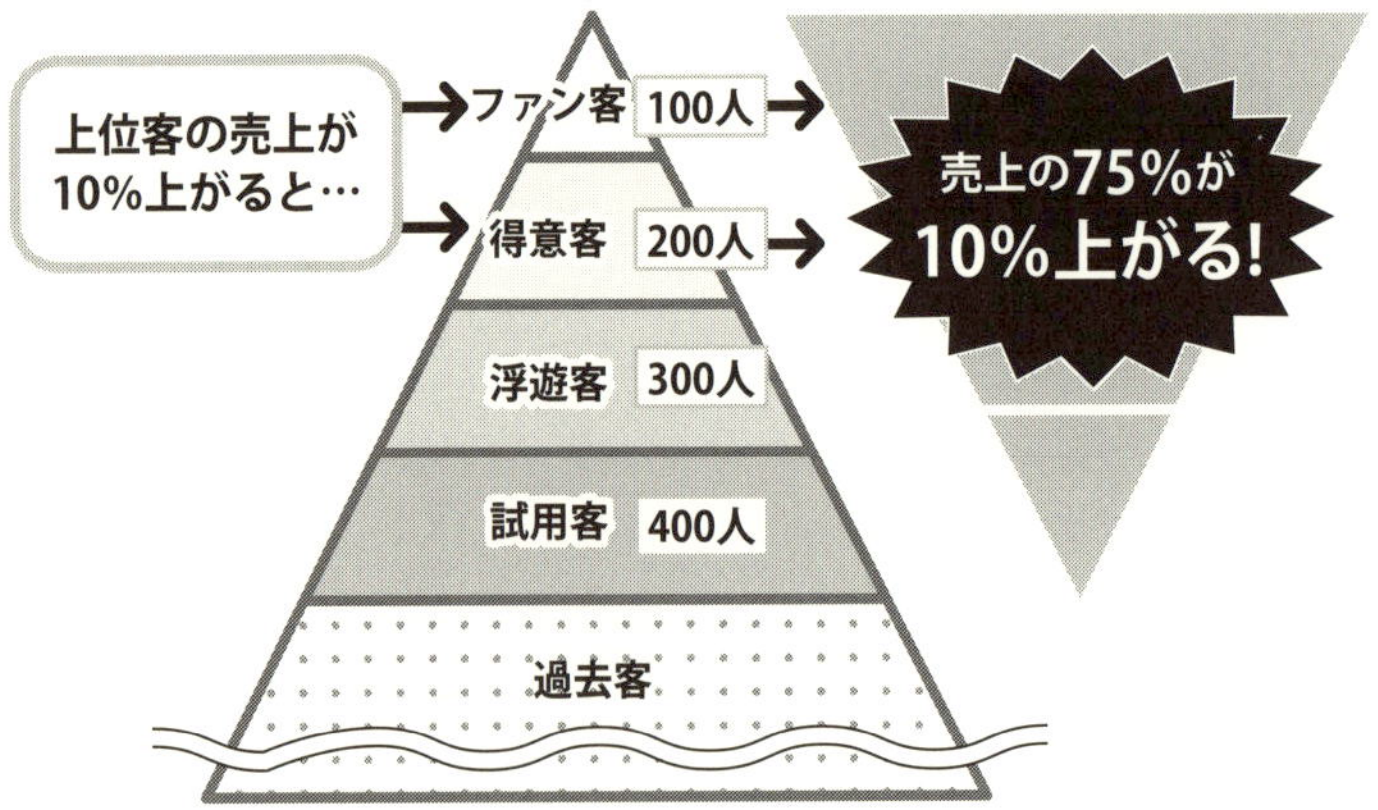

「得意客層」を見つけ出し、維持していく。「てこの原理」を使って売上額を上げていく。ここにこそ焦点を当ててほしい。

ファン客層・得意客層の見つけ方

では、どうすればファン客層・得意客層を見つけ出すことができるのか。そのためには今後、「どこの」「誰が」「いつ」「いくら」利用したかを毎回記録しなければならない。「どこの」「誰が」だけでなく、必ず「いつ」「いくら」という情報が必要だ。つまり、名刺をいただいたり、アンケートを取るだけでは駄目ということだ。なぜなら、「どこの」「誰が」だけでは、売上ランキング表を作成することができない。売上ランキング表が作成できなければ、客層が把握できないからだ。だから、必ず毎回「いつ」「いくら」を記録できるしくみが必要なのだ。

さらに、これを毎月集計する必要がある。

たまに勘違いされるのだが、「1月1日～12月31日までの1年間」のデータを使って売上ランキング表を作成すると思われるが、そうではない。**今日を起点に過去1年分のデー**

タを使うのだ。

たとえば、6月10日にダイレクトメールを送るのであれば、その6月10日から過去1年間のデータを集計して売上ランキング表を作成する。そこで把握した「ファン客層」「得意客層」にアプローチをする。

仮に、7月10日にダイレクトメールを送るのであれば、その7月10日から過去1年間のデータを集計して売上ランキング表を作成する。そこで把握した「ファン客層」「得意客層」にアプローチするのである。

つまり、「今日」送るダイレクトメールのファン客層・得意客層と、「その1ヶ月後」に送るダイレクトメールのファン客層・得意客層は、相手が少し変わっていることになるのだ。

なぜなら、お客様の売上ランキングは、リアルタイムで少しずつ変わっているからだ。お客様がレジで精算した瞬間に、そのお客様の売上ランクは少し変わっているはずだ。1ヶ月もすれば、まあまあ変わっているわけだ。

それなのに、たとえば6月の段階で、昨年度のデータを使っていれば、もう半年も経過している。実際にはリストのお客様方の一部が、ファン客層や得意客層ではなかったりする。その結果、本来の対象者ではないお客様にアプローチしているので、あまりよい結果は生まれない。

つまり、データは、新鮮なものを使うほど価値が高くなるのだ。顧客戦略がうまくいかない店は、ここに手を抜いて古いデータを使っている場合がほとんどである。同じ経費を使っているのに、とてももったいない話だ。

では、その見つけ出したファン客層・得意客層を、どうすれば維持できるのか？

いよいよテクニック論を紹介していこう。

3章

大事なお客様を維持する2つの方法

01

【売り込みのDM】と【売り込まないDM】の総論

どこの店でもできる簡単な手法

このツールを使って、売上げを伸ばした店の事例をご紹介しよう。

❖冒頭で紹介した、「ふれんち酒場・びいどろ」も、この手法を核として、売上げを伸ばし続けている。

❖あるいは、松江の大人気美容院「hair pur arte」では、この手法で売上前年比140％を継続している。

❖また、東京のエステサロン「エステランテ・ロズまり」では、この手法をきっかけに、現在売上高を16・5倍にまで引き上げている。

❖はたまた、京都の飲食店「カジュアルワインレストラン・シナモ」では、この手法を使いながら、20ヶ月以上連続して売上前年比130％前後で推移している。

拙著・『売れる&儲かる！ニュースレター販促術』でも、

❖これを3回送って、売上げを前年比178％に上げた佐賀の仕出し店。

❖これをずっと前から送り続けていて、今でも連日超満員の博多の居酒屋。

❖これで売上げを伸ばしたうえに、年間経費を200万円近くも削減した、大分の和食店。

などをご紹介した。

このテクニックを使って、売上前年比110％、120％にした例までご紹介すると、きりがないので割愛する。だからと言って、決して難しい手法ではない。どこの店でも、いやどんな会社でもできる、非常に簡単な手法だ。

――ご紹介しよう。

今後は大事なお客様を見つけたら、そのお客様に対して、**最低年4回、定期的に手紙を送ってほしい**。

これだけのことだ。簡単でしょう？

しかし、ほとんどの店がこの簡単なことをやっていない。

いや、「うちは年間で4回ぐらい、お客様にダイレクトメールを送っている」という方もいるだろう。だが、そういう方が送っているダイレクトメールは、私が本書で紹介したいダイレクトメールとは、少し趣旨が違う場合が多い。

2つのダイレクトメールを使い分ける

私が提唱しているダイレクトメールには、2つの種類がある。

ひとつが**【売り込みのダイレクトメール】**（以下、「売り込みのDM」）と呼ぶものだ。これは名前の通り、お客様に対して、商品紹介、値引き、キャンペーンなど、商品の売り込みを目的とする。言い方は悪いが、お客様に対して毎回、「買ってくれ、買ってくれ、買ってくれ」としか言っていないもの。これを【売り込みのDM】と呼んでいる。商売で使われているダイレクトメールのうち、9割以上が、この売り込みのダイレクトメールだろう。

しかし、私の手法では、もうひとつ別のダイレクトメールも使っている。

それが**【売り込まないダイレクトメール】**（以下、「売り込まないDM」）と呼ぶものだ。驚かれるかもしれないが、商売で利用していくのに、お客様に対して**「売り込みをしない」**というダイレクトメールが存在する。

次章以降で、この2つのダイレクトメールの具体的な解説をしていくが、その前になぜこの2つを使い分けるのか、総論を説明しておかなければならない。なぜなら、この総論を読まずして、ツールだけを活用すると、大きな火傷を負う場合があるからだ。

【売り込みのDM】と**【売り込まないDM】**、このどちらが大事かというと、どちらも大事なダイレクトメールだ。しかし、使い道が違う。今回あなたが、スポット的に売上げをポンと上げたいと思ったら、売り込んでいく必要がある。そのときは「売り込みのDM」を使う。

後述するが、私は【売り込みDMの反応率を4倍に引き上げる方法】という画期的なノウハウを持っている。同じ内容のダイレクトメールを送るのであれば、**的確にデータを活用すると、その反応率が4倍以上に引き上がる**というものだ。

必ず4倍以上に引き上がる。その証拠に、通常、ダイレクトメールの反応率は、平均2

%前後、よくても5%程度と言われている。しかし、私のクライアントのダイレクトメールの反応率は、15%以上あることがほとんどだ。20%を超える店も多い。

毎回数万円の経費で、必ず100万円を生み出すダイレクトメール

福岡市の「日本料理しげまつ」においては、毎回30%以上の反応率を出し続けている。これは「DMを1000枚送れば、300組以上のお客様が詰めかける」ことを表わしている。たとえば左下の写真。珍しい感じのダイレクトメールではない。

だが、驚くなかれ、わずか7万4000円の経費で、**170万円の売上げをあげている。**

このハガキを送った期間の売上げではない。

このハガキを持って来店したお

▲わずか7万4000円の経費で
170万円売上げた実際のDM

客様の売上げが170万円だ。さらに同店では、これが飛び抜けてよい結果でもない。

実は、毎回数万円の経費で100万円以上の売上げを確保しているのだ。前述したが、数万円の経費というと、フリーペーパーの一番小さい枠がそれくらいの金額だ。しかし、今の時代、その程度の枠で、100万円もの売上反応を出すことは、おそらく不可能と言っても過言ではないだろう。


その不可能を、【売り込みDMの反応率を4倍に引き上げる方法】を使うことで、多くの店が可能にしている。

お客様が浮気しやすくなる理由

「数万円の経費で、毎回100万円もの売上反応を出している」

これを聞いて、あなたは、こう思わないだろうか。

「だったら、その売り込みのDMばかり続けて出せばいいんじゃない？」

ところが、**そうではない**。ここに大きな危険がある。

なぜなら、それは**売り手側の一方的な都合**だからだ。今度は買い手側の気持ちになって考えてほしい。もちろんお客様は喜んでいる。今までまったく音沙汰がなかった店から、売り込みとはいえ直接ダイレクトメールが届くようになる。やはりうれしくもある。「私に直接、こんなお得なキャンペーンを教えてくれてるんだ」。うれしいから利用回数が増えていく。お金を使ってくれるようになる。

しかし1年後――。ちょっと待てよ、と思う。

「あの店からダイレクトメールが来るようになって、今までより多く利用するようになったけど…。考えてみるとあの店って、毎回無機質なセールスのダイレクトメールしか送ってこないよね。店では親しげに接客してくれるんだけど、結局はあの店って、私のことを…商売のいいカモとしか思っていないのかなあ」と、心の奥では思ってしまう。

その結果、何が起こるのか？　**他店に浮気しやすくなってしまう**のである。

「あの店とは商売だけでつながっている」と認識するからだ。商売だけでつながっているのであれば、商売で浮気しやすい。極論だが、常連客があなたの店の目の前を通り過ぎて、平気で隣の同業店にでも入ってしまう。そこには後ろめたさも何もない。その姿をあなたに見られても平気。そんな薄い関係になってしまうのだ。

マクドナルドから浮気するのに気を遣うか？

では、商売だけでつながっているとはどういうことなのか。それは、あなたの店が、大規模チェーン店のように見えてしまうということだ。チェーン店が悪いという意味ではない。そういう雰囲気に見えてしまうということ。「売ることばかりを考えている店」「無機質なセールスばかりしてくる店」と、お客様は深層心理で感じ取ってしまうのだ。

たとえば、あなたがいつも行っているマクドナルドを通り過ぎて、となりのモスバーガーに入るとき…マクドナルドに気を遣うことはないだろう。そんな感じになってしまうのだ。それは、マクドナルドの店員に、モスバーガーに入っているところを見られても、痛くもかゆくもないからである。商売だけでつながっているとはこういうことだ。つまり、**売り込みだけを続けていると、関係が希薄になってしまうのだ**。

もちろん、私はこれを全否定しているわけではない。大きな広告宣伝費を使える企業なら、それなりの大きな商売のあり方もあると思う。

しかし、だ。地元密着の店であれば、話は違う。極論、「あの店からDMが届いたから、そろそろ顔を出してあげないとね」ぐらいの気持ちになってもらう必要がある。地元密着の店だからこそ、それぐらい深くお客様とつながっておく必要があるのだ。

ところが、そこに店が、「買ってくれ、買ってくれ、買ってくれ」と連呼をしてしまう。

その結果、お互いの関係が薄くなり、お客様が浮気しやすい状態になってしまうのである。

売り込むことで、売上げが落ちはじめる

なぜ、私は安易な値引きを嫌うのか？　それは、簡単に売上げが上がってしまうからだ。

さらに、「4倍に引き上げる方法」を使えば、計ったように売上げが上がる。

しかし、私はこの「売り込みDMの反応率を4倍に引き上げる方法」で、過去に苦い経験をしている。ある店の売上げを落としてしまったのだ。

以前の私は、「売り込みのDM」の話ばかりをしていた。いや、それしか知らなかったと言ったほうが正しい。「売り込みDMの反応率を4倍に引き上げる方法」を使うと、パッと売上げが上がったりする。それで店に喜ばれる。それがうれしくて、講演でもそればかりを紹介していた。

そんな頃、セミナーに参加した飲食店が共感し、実践したそうだ。

セミナーで紹介した「秋の収穫祭」という20％割引きの企画を、「4倍に引き上げる方

法」を使ってダイレクトメールを送ってみた。反応がすごくよかったらしい。「うわあ、4倍に引き上げる方法はすごいなあ！」と思ったそうだ。

３ヶ月後。冬の企画で、再度20％割引きのハガキを送った。もちろん、「4倍に引き上げる方法」を使ってである。しかし、反応は前回の半分程度だった。

「おかしいなあ。値引き率を上げてみるか」と思って、さらに3ヶ月後、今度は50％引きのハガキを送ってみた。50％引きは魅力的だ。反応がよかったらしい。

ところが、その3ヶ月後、再度50％引きのダイレクトメールを送ってみると、反応はまた半分に減ったそうだ。

さすがに、それ以上の値引きをするわけにもいかず、その後20～50％引きの間で企画を繰り返した。しかし、ダイレクトメールを送るたびに、反応はどんどん悪くなったという。

「当店はこの後、いったいどうしたらいいのですか」という相談を受けたが、当時の私は、これに明確に答えることができなかった。

値引きが原因で客数が減りはじめる

もちろん、すべての店がこうなるわけではない。

しかし、値引きの企画だけを繰り返すと、このような結果に陥りやすい。

なぜなら、「お客様が値引きに慣れてしまう」からだ。

値引きというのは、いつもやっていない店が「たまに」「期間限定」で行なうから反応がいいのだ。だから、的確にデータを活用すれば、反応が4倍以上に引き上がりやすい。

しかし、同じことを3ヶ月後にもう1回やってしまったら、お客様はどう思うだろう。「あ、またやってる」と思うはずだ。だから反応がグッと減ってしまう。ずっと続けると、「あの店、いつもやってるよ」と、値引きイメージが定着してしまうのだ。すると、「あえて今回行かなくてもいいかな」と、多くのお客様が思ってしまう。だから、企画のたびに、どんどん反応が悪くなるのだ。

ただ、値引きの反応が悪くなるぐらいならまだいい。なぜなら、反応が悪くなったとは言え、4倍に引き上がる方法を使っていれば、ダイレクトメールに使った経費くらいは取り返せるからだ。仮に反応がゼロでも、数万円の経費をドブに捨てるぐらいで終わっているし、まずは店のことを思い出してもらっただけでも価値はある。

大きな問題は他にある。

実は、値引きのダイレクトメールを送り続けると、**値引きをしていない期間の売上げが落ちはじめるのだ。**つまり、店を支えている「根本的な売上げ」を落としてしまうのである。これがやっかいなのだ。

拙著『「1回きりのお客様」を「100回客」に育てなさい！』にて、「3の法則」をご紹介した。人間は3日、3週間、3ヶ月というサイクルで、店のことを忘れていくというものだ。さらに、お客様は「今日、外食をしたいな」などと思ったとき、頭の中に思い浮かぶのは3～5店舗しかないことをご紹介した。

この「3の法則」の原理から考えても、3ヶ月ごとに送っていれば（仮に値引きのDMであっても）お客様の記憶に焼きつく。なので、普段からあなたの店を思い出しやすくなる。このアドバンテージはとても大きい。たとえば、飲食店であれば、「今晩、どこか外食に行こうかな」と思ったら、その店のことを思い出している。思い出してはいるのだが、同時に「ちょっと待てよ」とも思うのだ。

「あの店を定価で利用するのって…ちょっと、もったいないよね。でも、しばらくすれば、また値引きのDMが届くんじゃない？　だったら今回は、前から気になっていた他の店に行ってみて、あの店は値引きのDMが届いたときに利用しよう」と考えてしまう。

その結果、今までは、放っておいても、年に8回・定価でお越しになっていたお客様が、値引きのDMが届く期間の4回しか来なくなる。さらに、その4回すべてを値引きしているため、客単価まで落としているのである。

売り込んで→売り込まない、売り込まない

だからこそ、あなたが今の商売を、より安定的かつ継続的に続けていきたいと思うのであれば、一見、無駄なように思える【売り込まないＤＭ】をしっかりと送っていただきたい。お客様との関係促進にこそ、力を注いでほしいのだ。その上で、いざ売り込みたいときに売り込む。すると、ダーンと反応があるのだ。

この種明かしをしよう。感覚的には、売り込みのＤＭの2倍、売り込まないＤＭを送るといい。つまり、「売り込んで→売り込まない、売り込まない」「売り込んで→売り込まない、売り込まない」。売り込んだ回数以上に、売り込まないＤＭに力を入れる。お客様との関係促進にこそ力を入れるのだ。すると、それをお客様が感じ取る。その結果、既存の売上げを落とすことなく、売り込みのＤＭで売上げを上げ続けられるのである。

販売促進ではなく、関係促進が重要

売り込まないDMをベースに、たまに売り込む。非常に簡単なことだ。だが、どこの店もできるかというと、そうではない。なぜなら、これは**「大事なお客様」に絞って送っていく必要がある**からだ。

なぜ、「大事なお客様に絞る」ことが重要なのか？

たとえばあなたが、本書を読んで売り込まないDMの重要性を感じ取ったとする。「やはり、お客様との関係促進が大事だ」と思って、毎月お客様全員にこの売り込まないDMを送っていくとしよう。

とくに美容院などでは、カルテ管理をしっかりしているため、すべてのお客様情報を入手している店がほとんどだ。だから極論を言うと、明日からすべてのお客様に売り込まないDMを送ることができる。だが、**それは絶対にやめてほしい**。なぜなら、本書で何度も述べているが、すべてのお客様にダイレクトメールを送るなんて、経費がいくらあっても足りないからだ。

仮にすべてのお客様に送って売上げが上がるなら、それでもいい。でも、上がらないのだ。なぜなら、「売り込まない」からだ。**売り込まないDMを数回送ったって、売上げな**

んて上がるはずがない。

しかし、これは送り続けてほしい。なぜなら、売り込まないDMの目的は、**販売**促進ではない。**関係**促進だからだ。お客様との関係を深める、信頼を深める、絆を深めるのが目的なのだ。人と人との関係が、1〜2回のダイレクトメールで深まるだろうか？　いや、あり得ない。だから送り続ける必要がある。送り続けるから、ジワジワとあなたに対する信頼が深まっていく。情が湧いてくるのだ。

その結果、他店に浮気しにくくなるのである。

打ち続けるからジワジワと効いてくる

つまり、これはボクシングでたとえると、1発で効くストレートではない。**打ち続けることによって効いてくるジャブのようなものだ**。だから続ける必要がある。それが徐々にジワジワ効いてくるのだ。1年後、「周りの店、業績悪いとか言ってるけど、うちの店、そんなに悪くないよね」となってくる。だから続けなければならない。

それなのに、すべてのお客様に送ってしまうと、経費が膨大にかかって、その割には売上げが上がらない。その結果、せっかくいいことをやっているのに、1〜2回送ってやめてしまう店がほとんどなのだ。

でも、安心していただきたい。前述したように、あなたの店の売上げは、上位3割程度のお客様だけで75％を占めている。**このお客様に絞って送り続けていけば、たいした経費はかからない。**逆に言えば、このわずかな経費が、売上げの75％を左右するのだ。「送らないと損」くらいの気持ちでやってみていただきたい。

お客様に送る切手代50円がもったいない？

ところが、このわずかな経費を、多くの店が「もったいない」と考えてしまう。なぜなら、これは「常連客に手厚くダイレクトメールを送っていこう」という提案だからだ。

「常連客は放っておいても来てくれるのに、わざわざ切手代50円を使って、ダイレクトメールを送るのがもったいない」と思ってしまうのである。

しかし、それは本書で紹介したような

❖「上位3割のお客様で、売上げの75％を占めている」とか、

❖「年間で、40％以上のお客様がいなくなっている」とか、

❖「常連客1人を失うと、100人もの新規客を集めなければならない」とか

❖「常連客に繰り返しダイレクトメールを送ったほうが、売上げが上がりやすい」とか、

そういうデータをご存じなかったので、「常連客にダイレクトメールを送るのがもったいない」という考えになっていただけなのだ。だから、本書を読んでいる現在は、そんな考えはなくなっていると思う。

——しかし、だ。

売上げうんぬんは抜きとしても、「お客様に送る切手代50円がもったいない」という考えは、既存のお客様に対して、とても失礼な考えではないだろうか？

あなたの店を支えているものの正体

ここで、当たり前の話をしよう。

あなたの店が、今、存在しているのは、いったい誰のおかげだろうか？　まだ見ぬ新規客だろうか？　違うはずだ。新規客は、まだ1円たりともあなたの店には貢献していない。

——そう。

あなたの店の今日までの売上高は「100％既存のお客様」で構成されている。既存の

お客様が支払った売上げの合計で、あなたの店は成り立っている。言い方を変えれば、あなたの店は「既存のお客様」で成り立っているのだ。

それなのに、あなたは新規客ばかりに目が向いてしまう。既存のお客様からいただいた利益なのに、「経費を使うのであれば、新規集客に使ったほうがいい」と思ってしまう。繰り返す。新規客はあなたの店に、まだ1円たりとも貢献していないにもかかわらずだ。そんな状況の中で、「既存のお客様に使う切手代50円がもったいない」という考えは、やはりあらためていく必要があるだろう。

極論、これは売上向上のために行なうのではない。お客様への日頃のご利用に感謝の気持ちを込めて、「当店は売りっぱなしではありません」「もっと当店を知ってほしいんです」「当店はあなたを気にしているんです」「プロとして、こんなこだわりがあるんです」「こんな提案ができるんです」「日頃からこんな勉強をしています」「こんな努力をしています」「そのことを、あなたに知ってほしいんです」そして、

――あなたと、もっとつながっていたいんです――

そんな思いを伝えるために、「売り込まないDM」を送り続けるのだ。その結果、売上げが上がってくるのだと思う。

容姿端麗ではない、銀座のトップホステスさん

銀座の、とあるトップホステスAさんの話を聞いたことがある。Aさんは、飛び抜けて容姿端麗という方ではなかったので、私は驚いた。Aさんは、こう語った。「ごらんの通り、私は決して容姿端麗ではありません。話だって得意ではありません。では、なぜ私がトップになれたのか？　それは、私が店の中で頑張っていたからではありません。むしろ私は、店が閉まっているときに、お客様に店に来ていただけるように努力をしたのです。だから人一倍、お電話、お手紙、会社訪問に力を入れました。お客様が店に来ていない時間に、お客様に店に来ていただくための活動に重きを置いた結果、私はトップになれたのです」と。

多くの店は、お客様に対して、店の中だけで頑張っている。最高の商品・最高の接客を提供することに最善を尽くす。もちろん、それは重要なことだ。

しかし、お客様は1年のうち、**99％以上の時間を「あなたの店以外」で生活をしている。**であれば、ここに焦点をあてて、店の外から「店に来てもらう」ための活動に重きを置いたほうが、より効果は出やすいはずだ。**そのためには、「店にいない99％の時間」に直接**

アプローチしなければなるまい。

世の中には、素晴らしい商品を持ち、おしゃれな店は星の数ほど存在する。しかし、お客様を店に連れて来る活動をしている店は、全体の3％にも満たない。店の中でじっと待っていても、お客様に来ていただける時代ではない。そのチャンスは、店の外での活動にあるのだ。

常連客がいなくなる2つの理由

ここで、とても重要な経営のヒントをお話ししよう。

実は、「常連客が店からいなくなる」理由は、大きく挙げると2つしかない。もちろん、転勤・転校、店とのトラブルなどは抜きにしての話だ。

まずは、店に**【飽きてしまう】**。

大好きで、通い続けたからこそ、「ちょっと他の店を試してみようかな」と思ってしまう。飲食店であれば「ここの料理はたしかにおいしいけれど、他の店はどうかなあ？」とか、美容室であれば「この美容室で十分満足しているけれど、他にもっと違うスタイルを提案してくれる美容室があるかも？」などと思ってしまう。満足しているのに「飽きてしまう」のだ。

飽きてしまうから、よその店を利用してみる。しばらく他の店を試して回る。その結果、あなたの店のことを…**【忘れてしまう】**のだ。

拙著『「1回きりのお客様」を「100回客」に育てなさい！』にて、【3の法則】をご紹介した。人間は3日、3週間、3ヶ月というサイクルで物事を忘れていく。つまり店を忘れていくのだ。しかも、通常「今日どこかに外食に行こうかなー」などと思ったときに、頭の中には3~5店舗程度の店しか思い浮かばない。要するに、よその店に浮気して、3ヶ月以上たつと忘れられて、3~5店舗の中に入ってこなくなるのである。お客様の頭の中に、あなたの店の名前が浮かんでこなければ、選ばれる可能性は0%だ。

つまり、お客様がいなくなる理由はわかっている。

あなたの店に「飽きて」しまい、「忘れて」しまうのである。理由がわかっているのであれば、これを逆手に取ればいい。

お客様に飽きさせない。忘れさせない。

ここにこそ、焦点をあてればよい。

考えてみてほしい。お客様があなたの店にいるときに、あなたの店を忘れることなんてない。忘れるのは、店にいないときだ。つまり、店にいない99％の時間にこそ、思い出してもらう活動を行なわなければならない。お客様と「つながっておく」とは、このことを意味している。この活動で、毎回売り込んでいく必要はない。

では、「売り込まないＤＭ」とはいったい何なのか？　それが、

【ニュースレター】だ。

参考文献

◉『「1回きりのお客様」を「１００回客」に育てなさい！』高田靖久（同文舘出版）

◉『「惚れるしくみ」がお店を変える！』小阪裕司（フォレスト出版）

4章

売り込まない
ダイレクトメール

01

「売り込まないDM」の重要性

元コンピュータ屋が推す、心のこもったアナログツール

「売り込まないDM」の正体、それが、ニュースレターだ。ニュースレターは、販売促進のツールではない。お客様との関係促進のツールである。つまり、店からの心のこもった「手紙」と考えてもらえばいい。

「手紙なんて、今の時代にそんなアナログな」と思われるかもしれない。だが、ネットが主流の現代において、このアナログなツールを使って業績を伸ばしている企業が数多く存在する。スマホやSNSが騒がれている裏側で、このアナログ的手法を使い、長期間にわたり堅実に結果を出し続けているのである。

アナログとは相反する立場にいた、元コンピュータ屋の私が推しているのだ。あなたの店でも効果がないはずがない。

ニュースレター作成で、肝に銘じておくべき7つのポイント

ただし、効果的なニュースレター作成には、肝に銘じておくべき重要なポイントがある。
それは、次の7つに集約される。

①基本「売り込まない」こと
②続けること
③すべてのお客様には送らないこと
④商品を売る前に人を売ること
⑤お客様を気にすること
⑥プロとしての知識・情報・見解をきちんと伝えること
⑦きちんと「売り込む」こと

つまり、

ここまで語ってきたことすべてだ。

本書でここまで語ってきたことを踏まえて、ニュースレター作成において、「なぜ、この7点が大事なのか?」を実際の事例を絡めながら解説しよう。

また、①基本「売り込まない」ことと、⑦きちんと「売り込む」ことは、矛盾しているように感じるだろう。しかし、読み進めていただければ、そうではないことがご理解いただけるはずだ。

基本「売り込まない」こと（ニュースレター作成・7つのポイント❶）

数年前の話。突然、高校時代の友人Aから電話があった。えっ、20年ぶり？　しかし、それほど親しくなかった友人だ。会話はしていたが、卒業してからはお互いまったく音沙汰はなし。話を聞くと、保険の営業マンになったらしい。その電話をきっかけに、頻繁に電話や手紙を送ってくるが、ほとんどは保険の勧誘の話ばかり。友人には違いないので力にはなってあげたいが……。

同じ時期高校時代の友人Bと、街でばったり出会う。こちらも、先の友人と同じくらいの間柄だったが、ひとつだけ違う点があった。それは、彼は毎年、年賀状をくれていたことだ。20年以上、直接会ってはいなかったが、その年賀状で、結婚したことや子どもが生まれたことや、そして会社を退職したことなども知っていた。つまり、何となく【つながっていた】のだ。その友人も、どうやら再就職が決まり、来月から保険の営業をするらしい。

「力になるよ！」

私は、彼から言われもしないのに、その場で後日保険の話を聞く約束をした。それだけではなく、「内容さえよければ契約するから」とまで声をかけた。しつこく勧誘されたAからは、話を聞くことさえ躊躇していたにもかかわらずだ。

このように、友人からでさえ、毎回売り込みだと嫌になるものだ。それが、もろに店から繰り返されると、どうだろう？　店が真似すべきは、後者の友人Bではないだろうか。

だから、ニュースレターでは、基本的に売り込まない。

続けること（ニュースレター作成・7つのポイント❷）

ニュースレター作成において、内容以上に大事なことがある。

それが「続けること」だ。いや、もちろん内容がどうでもいいと言っているのではない。すばらしいニュースレターを作成し続けるに越したことはない。

しかし、そこにはたいへんな手間がかかる。すると、しだいにそれが億劫になってくる。手間に感じ、頭を抱え、負担になり、面倒くさくなる。ひどい場合は、ニュースレター作成時期が近づくと、胃が痛くなったりする。その結果、毎月送らないと意味がないニュースレターが、2ヶ月に1回になり、半年に1回になり、1年に1回になったりする。いくら、惚れ惚れするようなニュースレターを作っても、それが半年や1年に1回であれば、はたしてお客様との関係は深まるだろうか？

その原因のほとんどが「内容にこだわりすぎている」ことにある。

前述したように、ニュースレターはボクシングで言うと「ジャブ」にあたる。打ち続けるからこそ、ジワジワと効いていき、お客様との関係が深まるのだ。

「うちは1年に1回だけ、ニュースレターを送っています。すごい反響です」などという話は聞いたことがない。

だから、ニュースレターは続けることが重要なのだ。

すべてのお客様には送らないこと（ニュースレター作成・7つのポイント❸）

ニュースレターは、たしかにすばらしい。お客様にも喜ばれる。その結果、ジワジワ売上げにも影響してくるだろう。

しかし、だからと言って、それをすべてのお客様に送ってはならない。なぜなら、何度も言うように、すべてのお客様にニュースレターを送り続けると、膨大な軽費がかかるからだ。しかも、発送部数が多いと、その準備にもたいへんな労力がかかる。印刷して、三つ折りにして、封筒に入れて、のり付けして、宛名を書いて、切手を貼って、大量の重いＤＭを郵便局に持参する。正直完成すると「ふ〜〜っ」となるような作業だ。

さらに追い打ちがかかる。その作業が終わった翌日、今度は来月のニュースレターの内容を考えなければならない。そのときのあなたの心理はこうだ。

「もう、投げ出してしまいたい！」

その結果、ニュースレターを送る回数が減ったり、ひどい場合は作成自体をやめてしまうことになる。ポイント②でお話ししたように、ニュースレターは送り続けなければ意味がない。

だが、あなたの店の売上げの75％は、「上位30％のわずかな数のお客様」で構成されている。このお客様に絞って、ニュースレターを送り続ける分には、たいした経費ではない。手間もそれほどかからない。しかし、このわずかな投資と手間が、店の売上げの75％に直接影響を与えるのだ。

だから、ニュースレターはすべてのお客様には送らない。

商品を売る前に人を売ること（ニュースレター作成・7つのポイント❹）

はっきり言う。常連客が、仮に別の店に浮気をしたとしよう。そのとき常連客は、「浮気をしたら、あの店に申し訳ないなあ」などと、後ろめたい気持ちは一切持たない。

なぜなら、人間は「店」や「商品」には、直接的な感情を持ちにくいからだ。「そんなことはない。私は今通っている店を浮気をするなんて、気を遣ってできないよ」。あなたはそう思っているかもしれない。しかし、そう思っているあなたは大きな勘違いをしている。なぜなら、あなたは「店」に気を遣っているのではない。その店で働いている**「人」に気を遣っている**のだ。「他の店を利用するなんて、【あの人】に申し訳ないなあ」と思っているのである。決して、店という「建物」や「看板」に、気を遣っているわけではない。

さて、世の中には「おいしくて、雰囲気がいい飲食店」がどんどんできている。「施術がうまくて、おしゃれな美容室」が次々にオープンする。いくら常連客であっても、新しい店には、少なからず関心を抱くことだろう。「わっ！　私が行ってる店より、おしゃれでキレイ！」と心の中で感じているはずだ。そんな中で、あなたの店が浮気されないようにするには、「でも、他の店に入っているところを見られると、いつもの【店の人】に申し訳ないなあ」という感情を、あなたやスタッフに対して、持ってもらわねばならない。

だからこそ、ニュースレターでは、商品を売る前に「人」を売る。あなたやスタッフに、深い感情を持っていただけるようにするのだ。

では、どうすれば、お客様に今以上に深い感情を抱いていただけるのだろう。

答えは簡単。あなたやスタッフのことをもっと知ってもらえばいい
つまり、**人間味溢れるプライベートをニュースレターで伝えていくと、そこに深い感情を持つようになる**。

優秀なスタイリストが辞めたのに売上アップした店

美容室というのは、スタイリストに売上げが依存しがちな業界である。しかし、とある美容室では、売上ナンバーワンのトップスタイリストが辞めたのに、売上げが上がった。原因はニュースレターだ。

その店では、半年ほど前からニュースレターを送りはじめていた。その中で「スタッフ紹介」というコーナーを作り、毎号全スタッフのプライベートを公開していた。その結果、お客様方は、自分の担当者以外のスタイリストのことまで知るようになった。「人間性」

「仕事に対するこだわり」「趣味」や「出身」、はたまた「家族」のことまで。話をしたこともないスタイリストのプライベートをジワジワと知っていくこととなる。

半年後、自分を担当していたトップスタイリストが辞めて、新しいスタイリストが担当となった。しかし、お客様はその新しいスタイリストのことを、よく知っている。なぜなら、ニュースレターで毎月目にしていたからだ。

「なんか、初めての気がしないわねー」多くのお客様がそう口にしたらしい。

つまり、初めて担当するスタイリストなのに、最初から人間関係が構築されていたのだ。当然、スタイリストも接客がしやすく、初回から会話も弾みやすい。施術が間違いなければ、その後のリピートは期待できるだろう。

売上げが上がった理由は、これだけではない。トップスタイリストが辞めた際に、しばらくお越しいただいていない「休眠客」にもニュースレターを送ってみた。

「長年勤めていた○○が辞めて、新しくこの子がお客様の担当になります」

と、新しいスタイリストの紹介も入れて送ってみた。するとどうだろう。お客様が戻ってきたのだ。

「実は当時から、他のスタイリストさんも試してみたかったのよねー」

「今度の子って、前の子より感じがよさそうね」

お客様は「店」から商品を買っているのではない。「人」から買っているのだ。であれば、店の魅力と同じくらい（場合によってはそれ以上に）、スタッフの魅力を伝える必要があるだろう。それが、ニュースレターの重要な目的なのだ。

だから、ニュースレターでは商品を売る前に「人」を売る。

リピーターで売上げを12・5倍にしたエステサロン「立川市・ロズまり」

東京都・立川市に店を構えるエステサロン「エステランテ・ロズまり」（以下「ロズまり」）。今でこそ、リピート率90％を超える繁盛店だが、開店当初は売上不振が続いていた。オーナーの向井邦雄氏は「夜中にアルバイトをしたり、店舗の売却まで検討した」という。

そんな最悪の状況の中、私のセミナーに来場する。

それまでは安売りばかりで新規集客していたが、「リピーター」の重要性に気づく。

セミナー会場で私の書籍を購入し、徹底して行動していく。それだけではない。その他の本もがむしゃらに読み漁り、いろいろなセミナーも受け、試せるものはすべて試した。駄目ならやり方を変え、よければさらに伸ばす。それを繰り返し行なった。

その結果、売上げは徐々に上がりはじめる。顧客戦略を開始後、2年目には前年比175%。次の年はさらに140%、次の年もまた150%と上昇。**結果、5年後の売上げは、セミナー受講前の12・5倍**にまで成長した。

私の提唱している「顧客戦略4つのStep」は、すべて実践している向井氏。すべてにおいていい結果を出しているが、「なかでもどれかひとつと言われれば、ニュースレターだけを残します」と言い切る。

向井氏が、ニュースレターで大事にしているのは「自己開示」だ。「ロズまりコラム」という自己紹介のコーナーで、毎号スタッフさんが自分の近況を伝える。うまいのは、その箇所だけがスタッフさんの直筆になっている点だ。実は活字に比べて、手書きというのは精読率が高まる。読んでもらいやすくなるのだ。私のクライアントの中には、ニュースレターを「すべて手書き」で作る店もあるほどだ。

だが、すべて手書きだと、作成にかなり手間がかかる。

そこで、向井氏は「ロズまりコラム」だけを手書きにしている。なぜなら、ニュースレターで一番大事にしているのが自己開示だからだ。一番読んでもらいたいところだからこそ手書きにするのだ。

しかも、スタッフ各々が書いた字になるため、全員が力を合わせて作っている感じがにじみ出る。ひと目見ただけで「社員さんがまとまっていて、仲がよさそう」という雰囲気が誌面から伝わってくる。

さらに、「ぽんチョコ日記」というコーナーでは、飼い犬の出来事を冒険調にした記事を載せている。お客様の多くはこの「ぽんチョコ日記」を、とくに楽しみにしている。当然だが「うちもワンちゃんを飼ってるのよ」という話が、お客様から出やすくなるのだ。

だからと言って、関係促進だけではない。裏面の一部ではしっかりと売り込みもする。「ニュースレターでは自己開示に最大の力を注いでいます。しかし、それだけでは、ただのいい人で終わってしまいます。恋愛と同じで、自己紹介ばかりしていてもその恋はなかなか成就しません。やはり、たまには積極的に売り込む必要があるわけです。これによって、ニュースレターを楽しく読んでいただいているうちに、勝手にキャンペーン欄が目に入ります。その結果、キャンペーンの反応も高まるのです」

そんな向井氏だが、ニュースレター開始当初は失敗もしている。せっかく作成したニュースレターを店の中だけで配布していたからだ。そのときには、まったくと言っていいほど効果がなかったという。そこで、多少の経費はかかるが郵送を試みる。もちろん全員には送らない。上位客限定だ。これによって、反応が格段に上がった。

さらに、郵送するにあたり、お客様へ〝特別感〟を訴えている。

表紙の一番上に、「このニュースレターは当店の特別なお客様のみに限定してお送りしています」と記載しているのだ。

「ロズまり通信」では、お客様との関係づくりを大事にしている。だから多くのお客様には喜んで読んでいただける。しかし、残念ながら一部には邪魔に思われるお客様もいらっしゃるかもしれない。だから、このひと言を入れる。「このロズまり通信は、選ばれた特別なお客様にしか送っていないのか」と思っていただける。すると、ニュースレター自体の価値が高まるのだ。

表紙にこの言葉を入れて以降、お客様から「ニュースレター全部をファイリングして保存しているのよ」という声までいただいているという。

売上 12.5 倍。ロズまりのニュースレター「ロズまり通信」

一番大事な「自己開示」。だからこそ手書きにする

ロズまりコラム

マネジャー　マリさん　本名 向井麻理子

〜 マリコのロズまり化粧品スゴイ成分 その5 〜
いよいよ完成間近の化粧品！ 私は9月からずっと使用していますが
肌も安定していて美白効果もアップしていて毎日使用するのが楽しみなんです。
今回ご紹介する成分は「黒砂糖エキス」こちらの成分は美容液に入って
いますが、保水力が非常に高く保湿力をぐっと！高めてくれる成分です。
美容液の色はこの「黒砂糖エキス」の色がついていてつけるだけで
すいつきそうなお肌にしてくれます！ 来月はいよいよ大発表になりますよ〜

◆取得資格
AEA認定アロマセラピスト・インストラクター
日本臨床催眠心理士、日本エステティック
協会認定フェイシャルエステティシャン、他
◆この職に就いた理由
病気をきっかけに心と身体について
興味を持ち、何か自分が人の為にできる事
はないかという思いでこの職に就きました。
◆お客様へ一言
心と身体のどちらもスッキリして、
ロズまりに来るのが楽しみであってもらえるよう、
一人ひとり心をこめて施術させて頂きます。

店長　ゆりさん　本名 佐宗由莉

❀ゆりのお食事美容法❀
私は食べることが大好きなので、お食事からも
美容にいいことを取り入れています！
この時期は乾燥肌対策に、ブロッコリーと菜の花を
よく食べます。ベータカロチンとビタミンC、ビタミンB群が
豊富なので、身体を温めてお肌の乾燥を防いでくれます！
茹でたり炒めたりと、飽きないように調理法も工夫して
食卓に並べています★

◆取得資格
日本エステティック協会認定エステティシャン
美容師免許、日本アロマ環境協会1級、日本美容改善協会認定フェイシャルカウンセラー
◆この職に就いた理由
コンプレックス克服のため美容に興味を持ち、エステがお客様とより深く関われる仕事と感じて、エステティシャンを目指しました。

井邦雄

歳♪ おかげ様でスクスクと
ます（笑）
のお腹です…（^^;）
ロズまりのサプリで痩せれば
きり、食べさせようと思います!!

◆経歴
一般社団法人日本美容改善協会 代表理事
株式会社ライジングローズ 代表取締役
ロズまり オーナー　セミナー講師　著者
◆この職に就いた理由
もともと夫婦で始めた小さなサロンでしたが、全国には困っているサロンさんがたくさんあることを知り、自店だけではなく、すべてのサロンが元気になるよう取り組んでいます。
◆お客様へ一言
ロズまりがお客様にとって最高の癒しであるとともに、ロズまりに通っていることが、皆さまにとって最高の誇りでありますように。最高の笑顔になっていただけますように。

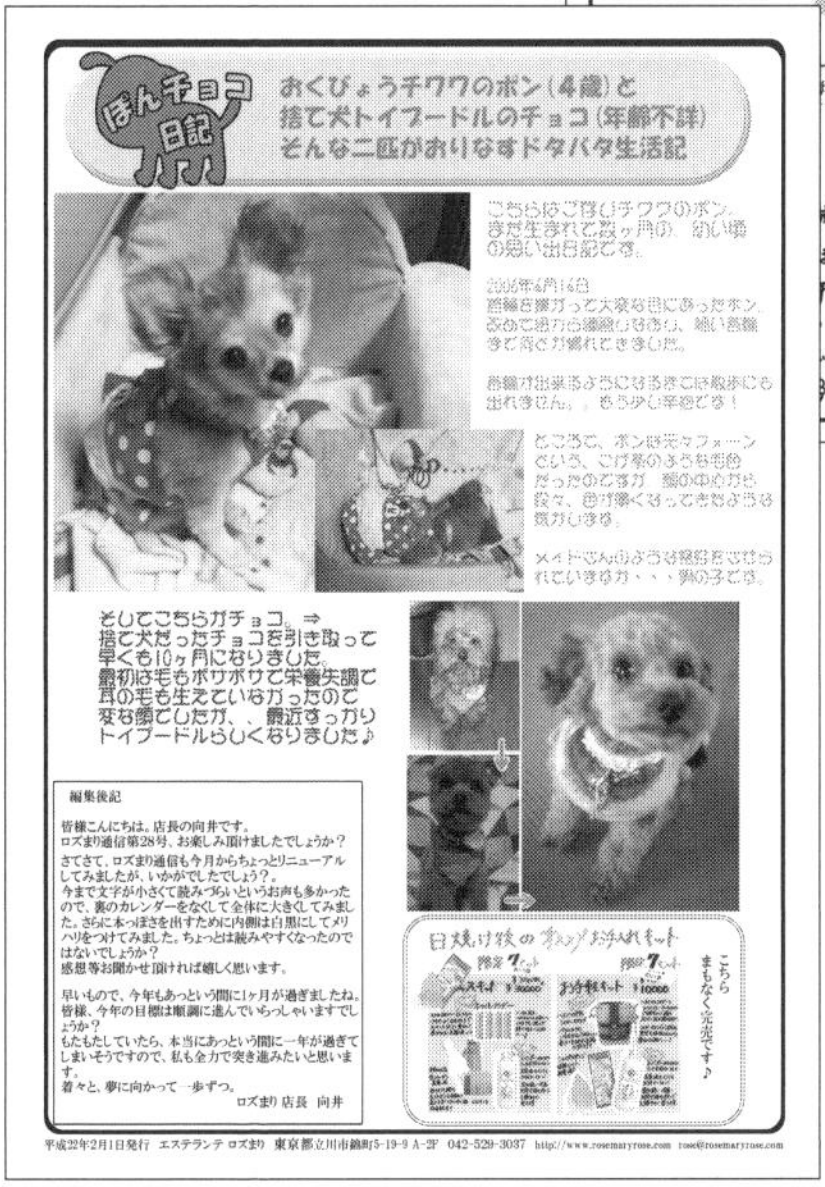
ぽんチョコ日記
おくびょうチワワのポン（4歳）と
捨て犬トイプードルのチョコ（年齢不詳）
そんな二匹がおりなすドタバタ生活記

こちらはご存じチワワのポン。

まだ生まれて数ヶ月の、幼い頃の思い出日記です。


メイドさんのような格好をさせられていますが、、、男の子です。

そしてこちらがチョコ。⇒
捨て犬だったチョコを引き取って
早くも10ヶ月になりました。
最初は毛もボサボサで栄養失調で
耳の毛も生えていなかったので
変な顔でしたが、、最近すっかり
トイプードルらしくなりました♪

編集後記

皆様こんにちは。店長の向井です。

ロズまり通信第28号、お楽しみ頂けましたでしょうか？

さてさて、ロズまり通信も今月からちょっとリニューアルしてみましたが、いかがでしたでしょう？。

今まで文字が小さくて読みづらいというお声も多かったので、裏のカレンダーをなくして全体に大きくしてみました。さらに本っぽさを出すために内側は白黒にしてメリハリをつけてみました。ちょっとは読みやすくなったのではないでしょうか？

感想等お聞かせ頂ければ嬉しく思います。


早いもので、今年もあっという間に1ヶ月が過ぎましたね。

皆様、今年の目標は順調に進んでいらっしゃいますでしょうか？

もたもたしていたら、本当にあっという間に一年が過ぎてしまいそうですので、私も全力で突き進みたいと思います。

着々と、夢に向かって一歩ずつ。

ロズまり 店長　向井

日焼け後の お手入れセット
こちら まもなく完売です♪

平成22年2月1日発行　エステランテ ロズまり　東京都立川市錦町5-19-9 A-2F　042-529-3037　http://www.rosemaryrose.com　rose@rosemaryrose.com

多くのお客様が楽しみにしている「ポンチョコ日記」

氏は、ニュースレター成功の鍵は続けることだと言い切る。

「ニュースレターは、とにかく継続が大事。数回送ったからといって結果が出るものではありません。1年、2年と続けるからこそ、お客様にどんどん浸透していくのです。その結果、お客様との関係が深まり、リピート率が上がっていきます。当店でも毎月発行を継続していますが、業績が上がりはじめたのは20号くらいからだったと記憶しています」

そんな「ロズまり通信」は、最新号で73号。ここまで継続した結果、開始前40万円だった月商は、現在最高で660万円。なんと16・5倍になっている。「今では、お客様のリピート率が90％を超えました」という驚きの繁盛店だ。

今や、向井氏の経営手法は、出版社の目にとまり、書籍となって出版された。氏が顧客戦略以外に実行してきたことも紹介されているので、一度お読みになることをおすすめする。

参考文献

◉『お客様がずっと通いたくなる小さなサロンのつくり方』向井邦雄（同文舘出版）

ニュースレターでお客様に「特別感」を伝える

あえて「当店の特別なお客様のみに限定してお送りしています」と記載することで、ニュースレターがお客様に大事にされる

▲リピート率90%を超える「ロズまり」（立川市）のニュースレター

参考サイト
◉エステランテ ロズまり（http://www.rosemaryrose.com/）

それでも、あなたは今、こんなふうに思っているかもしれない。

「私は店では裏方にいて、お客様からは顔が見えない。そんな私からプライベートを前面に打ち出したニュースレターが送られてきても、お客様はうれしくないはずだ」と。その通り。知らない相手のプライベートは、読んでいても面白くない。

だからと言って、ニュースレターを送らないのは本末転倒だ。なぜなら、お客様があなたのことを知らないのは、あなたが今まで「お客様に知られる努力」をしてこなかった結果だからだ。

「卵が先か鶏が先か」ではないが、あなたがニュースレターを送り、プライベートを発信するから、お客様があなたのことを知るようになる。繰り返すが、ニュースレターは「ジャブ」なのだ。打ち続けることにより、ジワジワとあなたの考え・情熱・性格・指針がお客様に伝わっていく。その結果、あなたのことを深く知り、あなたに親しみを覚え、「あの店を差し置いて、他の店を利用するのって…ちょっと申し訳ないよね」という感情が生まれるのだ。だからこそ、商品と同じくらい、「人」を売る必要がある。

お客様を気にすること（ニュースレター作成・7つのポイント❺）

教師にとって最も大切なことは、生徒から信頼を得ることのはずだ。そんな中、生徒から信頼を勝ち取れないのは、どのような先生だろう。それは、よく怒る先生でも、教え方が下手な先生でも、ましてや髪型がいつもボサボサの先生でもない。生徒に無関心な先生だ。

また、あなたは若い頃、親のことを「面倒くさい」と思っていた時期があるだろう。口うるさいし、細かいし、何より厳しい。

しかし、その一方で、絶大なる信頼感も持っていたはずだ。

それは、親が無条件に「自分のことを気にしてくれていた」からに他ならない。覚えているだろうか？　修学旅行当日の朝、「ハンカチは持った？　寝る前にはトイレに行くのよ？　先生の言うこときちんと聞くのよ?」。それこそ、家を出る瞬間まで口うるさく言われたことを。それは、親があなたのことを「気にしていた」からに他ならない。それほど「相手を気にする」というのは信頼関係を構築する上で重要なことである。そしてこんなことは、私が説明しなくてもあなたが一番気づいているはずだ。

さて、これを踏まえて、大事な質問をひとつ。

あなたが、とある美容室を利用した。後日、その店が取る行動として、うれしいのは次のうちどちらか？

【1番】商品セールスのDMが送られてくる。
「無添加シャンプー2500円」「デジタルパーマ4500円」「60日以内の来店で10%割引」など。

【2番】あなたの今回の髪型に関するDMが送られてくる。
「店で教えたスタイリングのコツは覚えている？」「ドライヤーは、後ろから流すようにかけてね」「パーマのかかりが悪くなってない？」など。

1番と2番、あなたはどちらの美容室に深い信頼感を抱くだろうか？　そう、あなたが選んだ答えに、商売のヒントが隠されている。

だから、ニュースレターで大事なのは「お客様を気にする」ことだ。

あなたの大事な親友が、店を利用してくれた後に行なう対応のように。

プロとしての知識・情報・見解をきちんと伝えること（ニュースレター作成・7つのポイント❻）

あなたが体調を崩した。それほど重たい病気ではないが、何の病気なのかわからない。さて、あなたはどちらの医師にその病状を診察してほしいだろうか。

❖日頃から、最新医療の勉学に励んではいるものの、専門家としての知識・情報・見解などを素人に伝えても診療結果が変わるわけではないので、そんなことはまったく患者には伝えない医師。

❖同じく、日頃から最新医療の勉学に励み、専門家としての知識・情報・見解を、「患者に知ってもらうことが大事だ」ととらえ、普段から素人にもわかりやすい言葉で、患者に伝えている医師。

多くの方が、後者の医師に診察を頼みたくなるはずだ。

つまり、あなたもその道のプロであることを、自分の中に止めておくだけ（あるいは商品に反映させるだけ）ではなく、お客様に常日頃から伝えていかなければならない。それがあってこそ、「今年の寒ブリは最高だよ」「今年は明るい色の髪が流行るよ」という言葉が信用されるのである。いや、お客様はその言葉につい従いたくなるのだ。「あなたが言うんだったら、明るい髪に挑戦してみようかしら？」と。

だからこそ、ニュースレターではプロとしての知識・情報・見解をきちんと伝えることが重要なのだ。

お客様の信頼を高めて、売上170％になった飲食店「京都市・シナモ」

京都市の繁華街に店を構える飲食店「カジュアルワインレストラン・シナモ」（以下「シナモ」）。有名デザイナーが手がけた内装は、とてもおしゃれで、オープン当時は雑誌の取材もひっきりなしだった。しかも、当時は空前のカフェブーム。28席の店で1日平均200人以上、多い日は400人以上のお客様が訪れていた。

オーナーの伊集院民雄氏は当時、「商売って簡単だな」と思っていたそうだ。

しかし、時が経ち、カフェブームが終了。徐々に売上げが低迷しはじめる。

売上げが下がると、優秀な社員から順に辞めていく。シェフやソムリエが次々に店から離れていった。当然、料理の質も落ちる。その結果、お客様が減って売上げが下がる。その悪循環で、２００９年６月には売上げは半分にまで落ち込んでしまう。

それまでは、条件なく融資してくれていた銀行も、相手にしてくれない。資金繰りに追われる毎日が続いた。１０００万円ほどあった貯金も一瞬でなくなり、３５００万円の借金を抱えることとなった。「大袈裟ではなく、当時は真剣に自殺まで考えました」と伊集院氏は振り返る。


そんな中、２０１０年９月。私のセミナーに参加される。受講後「これだ！」と思ったそうだ。その日から、氏は大きく舵を切る。「新規客を追い求めるのではなく、リピーターにもっとリピートしてもらう経営」にシフトした。


まずは、お客様情報を集めはじめる。「名前」「住所」だけではない。売上ランキング表を作るために、「いつ」「いくら」までが最低限必要だ。

その情報を活用し、お客様を区別する。シナモにとって「本当に重要なお客様」を見つけ出し、限られた経費と時間をそのお客様方に集中した。

そして、毎月ニュースレターを送りはじめた。心がけたのは「店の出来事」「スタッフ

売上170%を実現。「シナモ」(京都市)

▲「シナモ」店内

◀「シナモ」外装

◀一番人気の「山猫《ヤマネ》式マルゲリータピザ」

の紹介」「店のこだわり・うんちく」などを伝えることだ。ニュースレター誌面では、直接売り込むことはない。

売り込まないにもかかわらず、なぜか送ると売上げが上がる。

あるとき、「お客様からチケットをいただいたので、子どもと甲子園に阪神タイガースの応援に行った」ということだけを記事にした。「さすがに、これでは売上げは上がらないだろう」と思っていたのが、かなり売上げが上がった。

このような現象について、伊集院氏はこう分析している。

「それまでお客様は、当店のワインや料理のことは知っていたのです。でも、店のことを知らなかったのです。『どんな人』がやっていて、『どんな思い』があって、『どんなこだわりがあるのか』を知らなかった。同時に、私も知らなかったのです。お客様が、そこにすごく興味があったことを。

おしゃれでおいしいレストランなら他にもたくさんあります。それこそ、当店の近所にだってたくさんあるのです。しかし、『人』や『思い』や『こだわり』などを伝え続けている店は、ほとんどありません。ニュースレターではそれを伝え続けています。すると、お客様との関係性が深まります。お客様が『友達』というか『親しい』というか、そんな気持ちを当店とスタッフに抱いてくださるようになるのです。つまり、お客様が私たちを

お客様の信頼を高める「シナモ」のニュースレターやDM

◎なぜ、小坂はありがとうを1日30回言わなければならなかったのか?

こんにちは、シナモ店主の伊集院です。　突然ですが、なぜ
スタッフの小坂が「1日に30回ありがとう」を1ヶ月間言った
だけでお祝いしなければならないのかをご説明いたします。
それは今年1月に事件が起こりました。あるお客様がこちらの
説明不足で激怒して帰られたのです。その対応を小坂が担当
しておったのですが、その時店主は恐れていたことが遂に
起こったなと直覚しました。というのも、本人は丁寧に話して
説明しているつもりなのですが、抑揚のない事務的な話し方
で、思いやりやいたわりの念がない冷たい印象を受ける対応
だったのです。元々、ド◯ールコーヒーで5年ほど店長をやってい
ただけあって、卒のない動きは出来るのですが、悪く言えば教
えたことしかやらないというタイプ。よくそのことで、店主は注意をしておりました…。
そこで、もはや根本的に直してもらうしかない!これが出来なければもう辞めてもら
うしかないなあ、と腹をくくり本人の目を見て話しました。「今日から1ヶ月間、1日に
30回機会を捉えてありがとうを言って下さい。もし、達成できれば3万円の
か祇園の高級ワインバーへ連れて行って上げるよ。やってみる?30回言っ
かは私はチェックしません。自己申告を信じます。だから、ウソの報告をし
よ。」　すると、本人は虚ろに「わかりました」と返事しました。翌朝から、た
にでもありがとうを言うようにはなりました。でも、まだぎこちない感じ。とこ
日ほど経ったとき表情が明るくなってきました。店主は「ありがとう、30回
?ウソ付いてもいいよ。」と訊ねると、「毎日言ってます。コンビニに買い物
も言ってます。」とのこと。その頃から改めて商品知識や
うにしました。すると、段々自信が付いて
に出来てきました。そして、2月末に「あの
声で「出来ました!社長(店主のこと)、ありが
気持ちを伝える事が苦手でした。相手は
した。でも、こちらから働きかけて優しく
言い。目に光るものがありました。本来、
っていたのに失意し、シナモに転職したは
ていた自分が嫌になった。このきっかけを
す。そして、勉強のため今度ワインバーに
み上げるものがありました。まだ未熟ではあ
仏・ボルドー オー・メドック地区フルボディ
追伸：良い従業員こそシナモらしさをみなさんにお伝え出来

岡山県出身、実はバスケ＆お笑い好き。現在、ワインの猛勉強中です!(小坂談)

◎シナモクラブ会員の証である、「ランクUPカード」
→今ですと次回ご来店時(本DMを必ずご持参下さ
を押した「シンプルカード」を差し上げます。使用期
くだけで1コ捺印。すると1000円のお食事券をプレ
＊　＊　＊　＊　＊　＊　＊
<ご予約・お問い合わせ>
シナモ　京都市中京区寺町通二条下ル
TEL:075-223-3969　WEB: www.si

sinamo

とうございます
立てを賜りますよう
申し上げます。
で実りある一年でありますよう
上げます。

マチコ／小林

〒604-0932
京区妙満寺前町454-3 呉羽ビル1F
5-223-3969

POST CARD

料金別納郵便
sinamo

年賀
2013

HAPPY NEW YEAR 2013
日頃の感謝として本ハガキを2013年1月末日までに
ご持参いただきますと、もれなく以下のプレゼントをいたします

シナモのお年玉

ダラスワインを1杯プレゼント
1000円分のお食事券をプレゼント
2000円分のお食事券をプレゼント
3000円分のお食事券＋心を込めた一品をプレゼント

平成25(2013)年1月3日より通常営業いたします

☆シナモファンのためのシナモクラブ通信　No
小坂友美恵、1ヶ月間「ありがとうを30回
仏・ボルドー オー・メドック地区フルボディ
上級赤ワインを限定12本、赤字覚悟でご提供いたし
シルキーなタンニンの味わい。違いの分かる会員様
一般通常販売価格8000円　→シナモクラブ会員
機会をお見逃しなく!ところで、今、頭が???になっている方はウラ面をご覧下さい。(^^)
*ご来店の際は、本ハガキとランクUPカードを忘れずに
<ご予約・お問い合わせ>
シナモ　京都市中京区寺町通二条下ル 呉羽ビル1F
TEL:075-223-3969
singmo Club

信頼してくれるようになります。その結果、売上げが上がってきたのです」

信頼する人からは高いものでも買う

伊集院氏は、「ニュースレターを送り続けることで、お客様からの信頼が高まった。それがよい結果を生んでいる」と考えている。

そのことを証明する現象がある。ニュースレターを送りはじめて以降、お客様から「おすすめのワインは何？」とよく聞かれるようになったそうだ。もちろん、以前から聞かれていたのだが、回数が格段に増えた。

伊集院氏にはちょっとしたこだわりがあり、お客様に「おすすめは？」とたずねられると、一番高級なワインをおすすめするようにしている。もちろん、それが一番おいしく、おすすめだからだ。

以前だと、価格に躊躇されて、少しグレードを下げたワインを注文される方がほとんどだったが、ニュースレターを送り続けると様子が変わっていった。おすすめした高級ワインを喜んで注文される。ほとんどの人が、価格も見ないらしい。そして、「おいしい」と言って喜ばれる。「おすすめのワイン、おいしかったわ。ありがとう」と、お礼まで言われることも多い。

なぜ、こんなことになるのか。伊集院氏はこのように語る。

「お客様は、信頼している人から、それなりの対応をされると、信頼に応えたくなるようです。信頼が高まると、お客様は安売りには応えたくなくて、信頼に応えたくなる。だから、高い物が売れはじめる。信頼を高めるためには、その情報を伝え続けなければなりません。ニュースレターで『人』や『思い』や『こだわり』を伝え続けていることで、信頼が高まっているようです」

その結果、会員の客単価は一般客より1000円も高くなっているという。

食べログの評価が気にならない

既存客に焦点を当てはじめた結果、氏は「食べログ」の評価さえ気にならなくなったそうだ。

なぜなら、食べログを見ているのは新規客であって、既存客は今行っている店の食べログは見ないからだ。であれば、既存客に焦点をあてている同店は、食べログの評価を気にする必要がない。

先日、お客様にも「当店の食べログを見たことはありますか？」と聞いてみたらしい。すると、ほとんどのお客様が「見るわけがないよ」という答えだった。

「いつ来ても、あなたがいて、同じメニューを頼むのに、見る必要がないじゃない。そもそも、知らない人の意見を見たくもない」と言われたそうだ。

現在、伊集院氏には、当社主催のセミナーでも成功事例の講演をお願いしている。氏は、大勢の経営者を前にしてこのように締めくくった。

「飲食店の魅力は、料理の味や店がおしゃれなことだけではありません。お客様からすると、『あの店は、私のことを知ってくれている』ということ。これも飲食店の大きな魅力のひとつだと私は気づきました」

講演が行なわれた前月（２０１３年１月）、同店は売上前年比１７０％を記録した。

参考サイト

◉シナモ（カジュアルワインレストラン）（http://www.sinamo.co.jp/）

きちんと「売り込む」こと（ニュースレター作成・7つのポイント❼）

「ニュースレターで効果が出ていないんですけど……」。

このような相談をされた場合、私はコンマ1秒でこうアドバイスする。

「ニュースレターでは、きちんと売り込みましょう」と。

過去6つのポイントを、自ら覆すようだが、重要なポイントだ。

考えてほしい。お客様は、なぜあなたの店を訪れているのだろう。

その要因をひとつだけ言えと問われれば、次はコンマ2秒でこう答える。それは、商品を求めるためだ。「おいしい料理が食べたい」「今よりも美しくなりたい」そのような欲求を解決してくれる商品を求めて、あなたの店を訪れている。決して、あなたに会うためでも、すばらしい接客を受けるためでも、おしゃれな雰囲気を味わうためでもない。それは、あくまで二次的な要素であり、最も重要なのは商品である。

「ニュースレターがうまくいかない」——そのような店のほとんどが、ニュースレターでまったく売り込みをしていない。はっきり言うが、ビジネス書の読み過ぎだ。一定の量であれば、毎回売り込んでもかまわないし、たまには全誌面を商品PRに使ってもいい。なぜなら、お客様はあなたに商売されることが前提で、あなたの店のファンだからだ。飲食店のお客様であれば、おいしい新メニューの情報は知りたいし、美容室のお客様であれば、おすすめのヘアスタイルを知りたいのは当然だろう。そんな中で、あなたの商品が好きだから、あなたの店を繰り返し利用しているのだ。

それなのに、店から届くのは、売り込まない情報ばかり。肝心の商品情報はまったくニュースレターでは伝えられない。お客様の気持ちは正直こうだ。「この店から送ってくる新聞みたいなの、商品紹介もお得な情報も何にもないけど……いったい何？」。

だから、ニュースレターではきちんと「売り込む」べきなのだ。

客単価アップで売上140％になった美容室「松江市・アルテ」

島根県・松江市に「ｈａｉｒ　ｐｕｒ　ａｒｔｅ（ヘアー・ピュール・アルテ）」（以下

▲客単価アップで売上140%。美容室アルテの店内

「アルテ」と表記）という美容室がある。その代表である成相圭樹氏は、30才で店を構えた。オープンに際しては入念な準備をして、大々的な告知を行なった。チラシ、ポスティングは当然のこと、周囲の家に挨拶回りも行なう徹底ぶりだった。その結果、オープン初月から経営は黒字。その後も勢いはとどまらず、10ヶ月経過しても、客足が絶えない繁盛店となっていた。成相氏は、当時を振り返り次のように述べる。

「ずっと、お客様に恵まれていたんです。だから、このままでもいいと思っていました」

そんな絶好調なとき、当社から1枚の

DMが届く。この本でも何度か紹介している私のセミナーの案内状だ。経営には苦労していない。だが、なぜかその案内状が気になり参加する。

――ところが。セミナーを受講し、雷が落ちる。これだと思ったそうだ。

「今まで好調なのは常連様のお陰。もっと常連様をえこひいきする店にしよう！」

マンネリ化していた氏の心に火がともった。

氏は、セミナーを受けたその日から、さまざまな改革に乗り出す。会員制度を設け、ファン客層を「プラチナ会員」と位置づけ、さまざまなえこひいきを実行した。その結果、現在、売上げは当時の140％となっている。

美容室には席数やスタイリストの時間に限りがある。だから、繁盛店が、さらに業績を上げるのは容易なことではない。しかし、アルテはそれに成功した。その秘訣は「客単価アップ」にある。

成相氏は、「ニュースレターのおかげで客単価が2倍になった」という。

ニュースレターで客単価が2倍になった！

松江市の美容室の平均客単価は6000円前後。都心に比べると若干低めだ。そんな中でも、開店当初からアルテの客単価は7000円。松江市では高めの客単価だった。

ところが、顧客戦略をはじめた結果、客単価がさらにジワジワ上がりはじめる。8500円、1万円と上がり続け、この書籍を執筆している平成25年5月には、客単価は1万2000円にまでなっていた。なかでも、ファン客層である「プラチナ会員」だけに限定すると、客単価は1万4000円を超えている。つまり、客単価が2倍になっているのだ。

先日、たまたま暇な日があり、1日わずか10人しかお客様が来なかった。それでも客単価が高いので18万円も売り上がったという。以前だったら、おそらく7~8万円で終わっていただろう。それが18万円。売上げが、2倍以上になっている感覚だ。

なぜ、このような結果になったのか?

それは、アルテのニュースレターに秘密がある。まずは144ページのニュースレター裏面をご覧いただこう。

おわかりだろうか。しっかりと売り込んでいる。毎号、必ず誌面の半分は売り込みに活用する。

その結果、どうなったか。

ほとんどのお客様が、通常のパーマをしなくなった。「パーマ」をしなくなったのではない。「通常のパーマ」をしなくなったのだ。多くのお客様が単価の高い「ストレートパーマ」や「ニューエアウェーブヴィータ」をかけるようになったという。

たとえば、普通のパーマであれば、料金は5000円前後だ。だが、アルテの多くのお客様が指定する「ニューエアウェーブヴィータ」というパーマは1万5750円。何と、通常のパーマ料金の3倍だ。次に多いストレートパーマでも1万2000円。驚くなかれ、アルテの8割以上のお客様が、このどちらかのパーマを選択するという。

では、なぜ高いパーマが売れていくのか。その秘密が、ニュースレターだ。

アルテでは2ヶ月に一度、プラチナ会員に限定して、お客様に「アルテニュース」というニュースレターをお送りしている。

氏は、「アルテニュースでは提案の連打を行なう」と説明する。誌面を使い、メニューとヘアースタイルの「提案の連打」を行なうわけだ。これがお客様を飽きさせない。

たとえば、アルテニュースで「ニューエアウェーブヴィータはじめました」とお知らせをする。すると、予約の段階で「ニューエアウェーブヴィータをお願いします」と、お客様のほうから言ってくれるという。それ以外のお客様でも、店に来る前から新商品のこと

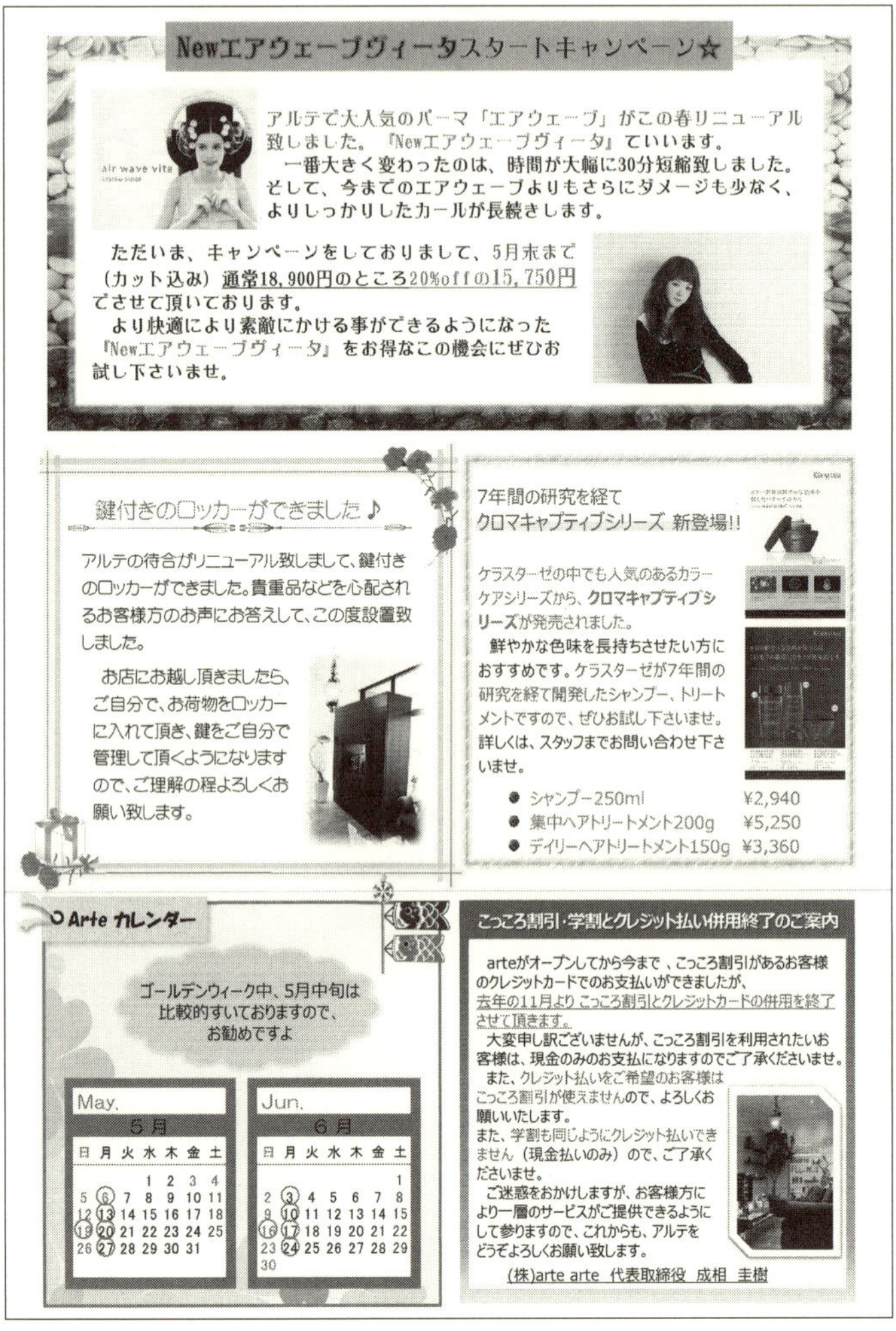

Newエアウェーブヴィータスタートキャンペーン☆

air wave vita

アルテで大人気のパーマ「エアウェーブ」がこの春リニューアル致しました。『Newエアウェーブヴィータ』ていいます。

　一番大きく変わったのは、時間が大幅に30分短縮致しました。そして、今までのエアウェーブよりもさらにダメージも少なく、よりしっかりしたカールが長続きします。


　ただいま、キャンペーンをしておりまして、5月末まで（カット込み）通常18,900円のところ20%offの15,750円でさせて頂いております。

　より快適により素敵にかける事ができるようになった『Newエアウェーブヴィータ』をお得なこの機会にぜひお試し下さいませ。

鍵付きのロッカーができました♪

アルテの待合がリニューアル致しまして、鍵付きのロッカーができました。貴重品などを心配されるお客様方のお声にお答えして、この度設置致しました。

　お店にお越し頂きましたら、ご自分で、お荷物をロッカーに入れて頂き、鍵をご自分で管理して頂くようになりますので、ご理解の程よろしくお願い致します。

7年間の研究を経て クロマキャプティブシリーズ 新登場!!

ケラスターゼの中でも人気のあるカラーケアシリーズから、**クロマキャプティブシリーズ**が発売されました。

　鮮やかな色味を長持ちさせたい方におすすめです。ケラスターゼが7年間の研究を経て開発したシャンプー、トリートメントですので、ぜひお試し下さいませ。

詳しくは、スタッフまでお問い合わせ下さいませ。

- シャンプー250ml　¥2,940
- 集中ヘアトリートメント200g　¥5,250
- デイリーヘアトリートメント150g　¥3,360

Arte カレンダー

ゴールデンウィーク中、5月中旬は
比較的すいておりますので、
お勧めですよ

May.
5月

日	月	火	水	木	金	土
			1	2	3	4
5	6	7	8	9	10	11
12	13	14	15	16	17	18
19	20	21	22	23	24	25
26	27	28	29	30	31	

Jun.
6月

日	月	火	水	木	金	土
						1
2	3	4	5	6	7	8
9	10	11	12	13	14	15
16	17	18	19	20	21	22
23	24	25	26	27	28	29
30						

こっころ割引・学割とクレジット払い併用終了のご案内

　arteがオープンしてから今まで 、こっころ割引があるお客様のクレジットカードでのお支払いができましたが、
去年の11月より こっころ割引とクレジットカードの併用を終了させて頂きます。

　大変申し訳ございませんが、こっころ割引を利用されたいお客様は、現金のみのお支払になりますのでご了承くださいませ。

　また、クレジット払いをご希望のお客様はこっころ割引が使えませんので、よろしくお願いいたします。

また、学割も同じようにクレジット払いできません（現金払いのみ）ので、ご了承くださいませ。

　ご迷惑をおかけしますが、お客様方により一層のサービスがご提供できるようにして参りますので、これからも、アルテをどうぞよろしくお願い致します。


(株)arte arte　代表取締役　成相　圭樹

▲美容室アルテのニュースレター「アルテニュース」（裏面）

を知っているため、気になっているお客様が多い。少しおすすめするだけで話が早いという。

しかも、エアウェーブヴィータをかけたお客様は、必ずヘアエステも頼まれる。それが4000円前後。客単価はあわせて2万円となる。もちろん、ヘアエステについても、アルテニュースでしっかりと紹介してきたから浸透しているのだ。

「商品を売る前に人を売る」からこそ、顧客満足度が高まる

こんなことでも成功した。美容室では、「カットだけのお客様」も多い。そんなお客様は、なかなかパーマやカラーはしてくださらない。だが、そのようなお客様も、決してお金がないわけではない。おしゃれにそれほど興味がないだけなのだ。

だが、話していると「髪の健康」には興味があることに気がついた。

そこで、ヘッドスパとセットのメニューを作った。それをニュースレターで提案する。すると、パーマやカラーはしないお客様も、続々とそのメニューを採用しはじめた。これで、そのお客様の単価は2000円ほど上がるという。

「客単価が2倍」。すごい結果だが、もちろん一度に2倍になったわけではない。ニュースレターを送り続けることにより、ボディーブローのように、単価の高いメニューが浸透していく。つまり、しっかりと「売り込み」を続けたことで、お客様が少しずつ単価の高いメニューに移行していったのだ。

ただし、アルテニュースは、売り込み一色ではない。当然だが、お客様との関係促進にも重きを置いている。なので、表面はスタッフ紹介など「商品を売る前に人を売る」ことに焦点をあてている。

たとえば次々ページの号であれば、入社したての新しいスタッフを紹介している。このおかげで、お客様は来店する前に、新しいスタッフのことを知ることとなる。お客様からすればどうだろう？　いきなり知らないスタッフがシャンプーするよりは、前もって知っている人がしてくれたほうが、安心感があるだろう。

また、こんな効果もある。通常、新人スタッフは緊張しているため、自分からはお客様に話しかけづらい。それをお客様も感じ取る。変な話だが、お客様のほうが年上のことが多いため、何とか会話を見つけてリラックスさせてあげようと思うものだ。だが、話題がなければ話もしにくい。しかし、アルテニュースを送った後はそれが一変する。

「あなた、新人さんよね？　アルテニュースで見たわよ。頑張ってね」

と、お客様から声がかかるようになった。これはお客様以上に、スタッフにとって大きなアドバンテージとなる。

さらに、アルテでは原則、「お客様のプライベートはこちらからは聞かない」ようにしている。それを嫌がるお客様がいるからだ。だからこそ、アルテのスタッフは自分のプライベートをアルテニュースでオープンにする。すると、お客様はそれをきっかけに話をしてくれる。

「お子さん可愛いわね〜〜〜。男の子？　女の子？」

お客様から話してくれると会話も弾む。会話が弾めば、満足度も高まるのは当然の話だ。

「店の努力」を伝えると、リピート率が上がる

また、成相氏は技術向上の努力も怠らない。今でも定期的に東京に出向き、名だたる美容師にカット技術を習っている。天才美容師が努力を惜しまない。繁盛を続けている大きな理由のひとつだろう。

しかし、成相氏のすごさはこの先にもある。それを販促にも利用するのだ。東京の一流

hair pur arte

vol.17
5•6月号

arte news

西津田9号線沿いのauショップを北に曲がり、てづくりぐみさんの斜め前です。

電話番号	（予約優先制）
住所	〒690-0017 松江市西津田2-2-19
営業時間	平　日 9:00～19:00 土曜日 9:00～19:00 日・祝 9:00～18:00
定休日	毎週月曜日 第3日曜日
駐車場	12台完備
ホームページ	http://matsue.mypi.net/shop/00000300938/

新入社員紹介♪

●こんにちは！新入の大島です。趣味は読書で、ミステリー系を読みます。嵐のニノが好きなのでぜひ語りたいです。ヘアエステから入らせて頂いています。お客様に満足していただけるようがんばりますのでよろしくお願いします。

アシスタント　大島 由理香

●始めはマッサージやシャンプーからさせて頂きます。まだまだぎこちない所はあると思いますが精一杯頑張ります！ショッピングが好きです。楽しくお話ししましょう。

アシスタント　三浦 李夏

●初めまして、森脇です。幼少から夢見ていた美容師になることができました！お客様のキレイのために頑張ります。NEWSとUVERworld、バスケが大好きです！皆様よろしくお願い致します！

アシスタント　森脇 希

●4月から入社しました。竹中です。広島の美容学校を卒業して島根に帰ってきました。趣味でフットサルをしています。スポーツが好きなので話しかけてください。がんばりますので、よろしくおねがいします。

アシスタント　竹中 亮介

●初めまして！新入社員の永野です。松江出身で美容学校時代は広島に住んでいました。趣味はギターを弾くことなのでロック好きな方は是非お話ししましょう！立派なスタイリストになれるよう頑張りますのでよろしくお願い致します！

アシスタント　永野　希

●12月から入社しました、徳山です。施術に入ることがないので、お客様とお話しする機会が少ないのですが、喜びの声や不満の声など、どんな声でもお聞かせ下さい。保育士資格がありますので、お子様連れのお客様も大歓迎です。

レセプション　徳山 祐子

▲美容室アルテのニュースレター「アルテニュース」（表面）

美容師から習っていることをアルテニュースでお客様に伝えるのである。

それを読んだお客様の気持ちはどうだろう。松江に住んでいて、東京の一流美容師から学んだカットを体験できる。つまり、お客様は東京に行かずして、そのカットが受けられるのだ。すごい付加価値に感じるに違いない。

ほとんどの美容師が、この努力を伝えない。しかし、伝えなければ、お客様にはわからないことも多い。せっかく技術向上の努力をしているのに、それをお客様に伝えなければ、お客様は「この店は進歩していない」と思ってしまう。それは、あまりにももったいない話だ。

だが、「努力していること」を、自分から口で言うのは恥ずかしく、伝えにくいこともあるだろう。だからこそ、それをニュースレターで伝えるのだ。お客様に「私が行っている美容室は最先端技術の習得を怠らない。日々努力して進歩し続けている」とわかっていただける。「だから、一生安心して通い続けられる」と思うお客様も多いはずだ。その結果、今後の期待感も高まり、リピート率も向上する。

デジタル時代に「あえてアナログ」だからこそ、お客様に喜ばれる

このように、アルテのニュースレターでは、「売り込み」と「関係促進」の両方をしっかりと行なっている。もちろん、売り込みばかりではよくない。だが、関係促進だけでも業績は上がりにくい。そのバランスが重要なのだ。

成相氏は、ニュースレターについてこのような感想を述べた。

「デジタルが中心になった時代だからこそ、このようなアナログのツールがお客様に受けているのだと思う。デジタルを否定しているのではないですが、デジタルだけでは駄目だと思う。アナログの力って凄いと、あらためて感じています」

ちなみに、2章で「お客様の離反率は40％。繁盛店でも20％」とご説明した。アルテにおいては、この戦略を開始して1年後、常連客の失客は4人しかなかった。しかも、そのうちの2人は引っ越しだ。

「完全にお客様の囲い込みに成功しました」と、氏は胸を張る。

余談だが、美容師の1人あたりの月間売上高は200万円を超えると優秀。300万円を超えるとカリスマ的と言われている。成相氏は現在、月間売上400万円を超えた。時

間が限られている美容室業界においては、客単価を上げなければ達成できない数字である。２０１４年には、氏が大きな目標としている月間売上５００万円を達成していることだろう。

そんな成相氏が率いるアルテでは、この書籍を執筆している２０１３年12月、売上前年比１８０％を記録した。

参考サイト

◉ｈａｉｒ ｐｕｒ ａｒｔｅ（ヘア・ピュール・アルテ）（http://www.arte-arte.info/）

02

「ニュースレター」の真の目的

ニュースレターを送れば、その月から業績が上がる？

「ニュースレターを送れば、その月から業績が上がる」。

残念ながら、そんなことはあり得ない。ジャブ一発で相手を倒せるボクサーがいないように、ニュースレターを1回送るだけで売上げが上がることはない。

ただ、数ケ月後には、必ず「手応え」を感じるはずだ。なぜなら、お客様から「お声がけ」があるからだ。「母の日のあのプレゼントは、お母さんは喜んだだろうね」とか、お客様のほうからお声がけしていただけるようになる。場合によっては、今までムスッとしていたお客様でさえ、「私にも、あなたのお子さんと同じ年くらいの子供がいるのよ」と、話しかけてくるようになる。つまり、「お客様との距離感」がグッと縮まっていることを体感する。すると接客もしやすくなるため、顧客満足度が上がる。顧客満足度が上がれば、その結果として業績も上がっていくはずだ。逆に言うと、お客様からそのような「お声がけ」が生まれていないニュースレターは、中身を見直さなければならない。

ニュースレターの危険な（?）副作用

ニュースレターには、危険な（?）副作用がある。スタッフ間の風通しがよくなることだ。

たとえば、「スタッフ紹介」。お互いのプライベートを今まで以上に知ることになる。「私もあの映画観た！　面白かったよねー」「○○ちゃんの話、思わず笑ったよ」など、会話がスムーズになる。日頃から親しいスタッフ同士はもちろん、あなたが少し苦手なスタッフとも共通の会話が生まれて話しやすくなる。だって、ニュースレターがきっかけで、お客様との絆が深まるのだ。であれば、スタッフ同士なら、よりいっそう絆が深まるのは当然だろう。ましてや、あなたが日頃なかなか話せない「店の今後やスタッフ・お客様に対する熱い思い」などをニュースレターで語ってしまったらもうたいへんだ。「オーナーって、そんな深いことを考えていたんだ……」その思いがジワジワとスタッフに浸透していく（ちょっと言いにくいことはニュースレターを使って遠回しに伝えるという経営者もいるくらいだ）。

ニュースレターを作る工程がさらに副作用を促進する。なぜなら、スタッフ紹介に掲載する自分の写真は、自分では撮りにくい。スタッフ間で写真を撮り合いをするようになる。その結果、多くの方が口を揃えて言う言葉がある。

「ニュースレターで使う写真を撮り合うのが、よいコミュニケーションになっています」

このように、ニュースレターを送り続けると、今まで以上にあなたとスタッフ同士の絆が深まり、「よりいっそうステキな店になってしまう」という危険な副作用がある。気をつけて。

以上、売り込まないDM【ニュースレター】についてご紹介した。途中でも述べたが、ニュースレターは継続が重要だ。そこで、あなたが簡単にニュースレターを作成できるように、当社でそのお手伝いをさせていただいている。現在は美容室・エステ・ネイルなどのサロン業界と、飲食店や菓子店業界、クリーニング店向けにサービスを用意している。

興味があれば、左のサイトを一度のぞいていただきたい。

参考サイト

◉高田靖久「顧客管理士」事務所　3×3JUKE（http://www.takatayasuhisa.com/）

◉『ニュースレター作成支援ツール』（http://www.takatayasuhisa.com/）

5章

売り込みのダイレクトメール

01

「売り込みＤＭ」の反応率を4倍に引き上げる方法

ひた隠しにしてきた手堅いデータ活用法

０・01％。

本書の冒頭で、チラシの反応率がそこまで落ち込んでいるとご紹介した。話を10分の１で聞いたとしても、１０００枚配布して、１人程度の反応しかないということだ。

一方、既存客に送る「ダイレクトメール（ＤＭ）」による販促は効果が高い。一般的には、２～５％程度と言われている。１０００枚送ると、20～50人ほどの売上反応がある。これは、どこの店でもこのような結果になりやすい。

さて、仮に、このＤＭの反応率が4倍になればどうなるだろうか？

１０００枚送ると、80～２００人のお客様が店に詰めかけることとなる。あなたの店はテンヤワンヤだ。ところが、これはどこの店でも実現できる。

福岡市・早良区田村に店を構える「寿司・仕出ししげまつ」。私の過去の書籍でも何度も紹介しているので、ご存じの読者も多いだろう。私の代表的なクライアントだ。

こちらのDMの反応率をご存じだろうか？　**何と30％以上だ。**

これは、「DMを1000枚送れば300組が来店する」ことを意味する（※前述したが、飲食店の場合は複数人数で来店するので「組」という言い方をする。1組4名平均とすると、300組来店すれば、1000人以上のお客様がお越しになっていることとなる）。

しかも、これは同店に限った話ではない。前述した北九州市の「釜めしもよう」でも毎回20％を超えているし、松江市の「ふれんち酒場びいどろ」でも平均20％前後、どんなに悪いときでも15％を超えている。

驚くなかれ、福岡県志免町や福岡県直方市には、毎回50％以上の反応を叩き出している店さえ存在する。「すごい反応率ですね！　普通、DMでは5％程度しか反応はないのですよ」と伝えると、逆に目を丸くして驚かれた。DMは50％以上反応があるのが当たり前と思っていたそうだ。

もちろん、これだけではない。私のクライアントには、一般の4倍以上のDM反応率を出している店が数多く存在する。

では、なぜこのように高い反応率が出せるのか？

理由は簡単。それは**「データ活用」にある。**

同じ内容のDMを送るのなら、的確にデータを活用すれば、反応は4倍以上に引き上がる。しかも、決して複雑なデータ活用ではない。活用するデータはわずか3つだ。

私が、過去の書籍や講演で「ひた隠し」にしてきたそのテクニックをご紹介しよう。

「売り込みDMの反応率を4倍にする方法」だ。

データ活用は3つの要素を組み合わせる

DMの反応率を上げるには、わずか3つのデータを活用すればよい。

①利用回数
②経過日数

③購買金額

この3つの要素を組み合わせ、的確にデータを活用すればよい。活用しないときよりも、反応は4倍以上に引き上がる。しかも、活用方法はいたってシンプルだ。

まずは、①利用回数だけを例にとってご説明しよう。

DM反応率を4倍に引き上げる方法❶
「利用回数」を活用して反応を上げる

たとえば、あなたの店を利用したことがあるお客様を、

A・「過去に1回だけ」しか利用していないお客様100人
B・「過去に2回以上」利用したことがあるお客様100人

の2つのグループに分けるとしよう。そこに、同じ内容のDMを送ったとする。

そのDMを見て来店したお客様の数を比較すると、Aの「過去に1回だけ」しか利用していないお客様よりも、Bの**「過去に2回以上」利用したことのあるお客様のほうが、反応が2倍以上よい結果になる。**

――なぜ？

それは、「1回だけ」しか利用していないお客様は、**何らかの理由があって1回だけしか利用していない**からだ。

あなたの店が飲食店だとしよう。

いくら、店が最高の料理を提供しても、お客様には趣味嗜好がある。お客様の好みに合わなければ、もう一度利用したいとは思われない。

料理に満足しても、その価格がお客様の価値観に合わなければ、やはりお客様はもう一度利用しようとは思わないだろう。店の値付けとお客様の感覚は別物だ。

商品だけに限らない。接客でも同様だ。最高の料理と、満足のいく価格で提供したとしても、ひとつお粗末な接客をしてしまえば、お客様はその店を二度と利用しない。

「利用回数」を活用して反応を上げる

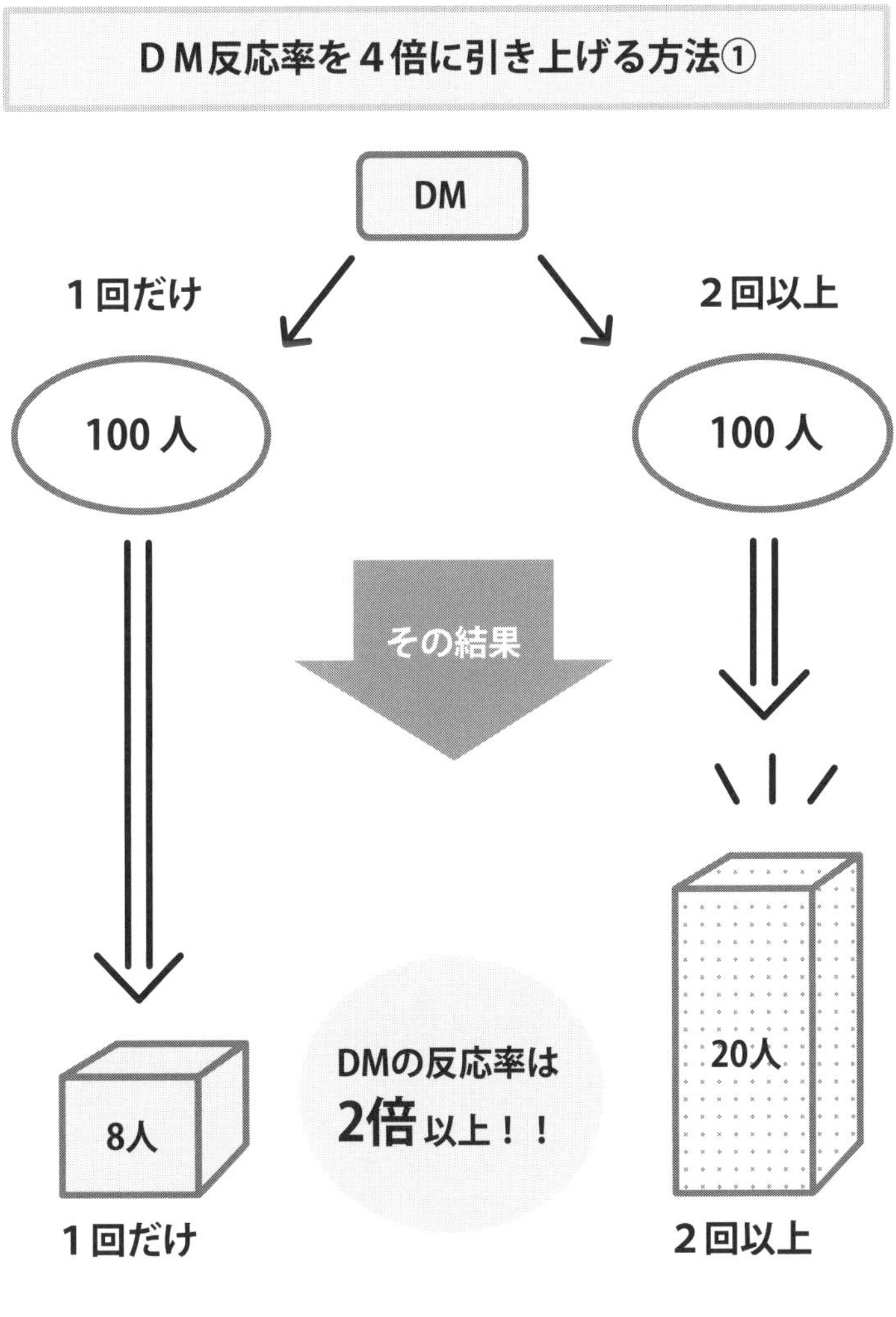

もちろん、これは飲食店に限ったことではない。美容室・菓子店・洋服店・クリーニング店から、すべての店に共通することである。

つまり、Aの「過去に1回だけ」しか利用していないお客様１００人は、**理由があって、あなたの店を1回だけしか利用していないお客様**が多いはずだ。

一方、Bの「過去に2回以上」利用したことがあるのはどんなお客様だろう。**少なくとも、店に不満を持っていないお客様だ。**もし不満があれば、同じ店は二度と利用しない。あえてそんな店を利用しなくても、代わりの店は星の数ほど存在するからだ。

❖（A）店に不満を持っていそうな人が多い「1回だけ」のお客様１００人と、

❖（B）少なくとも、不満は持っていなさそうな人が多い「2回以上」のお客様１００人。

同じＤＭをお送りすれば、Ｂの不満は持っていないお客様のほうが、反応がいいのはわかりやすい話だ。

反応がありすぎて、ＤＭが送れなくなった飲食店

ここで、当社クライアントの事例をご紹介しよう。

その飲食店では、新しいメニューを作ると、お客様に郵送していた。しかし、さすがにすべてのお客様にお送りすると経費がかかりすぎる。なので、今までは顧客台帳から無作為にお客様を抽出して送っていた。しかし、反応はあまりよくなかったそうだ。

それを、前述の話を聞いた後、「2回以上のお客様」だけに送ってみた。その結果、「反応がありすぎて、その後は送れなかった」といううれしい報告を受けた。

データ理論から言うと、この「2回以上」という数字を「3回以上」「4回以上」「5回以上」と増やしていくほど、反応は上がっていく。

当社のクライアントで、ＤＭ反応率が50％を超えているという店は、この値を「5回以上」に設定する店がほとんどだ。

なぜ、回数が増えるほど、反応率が上がっていくのか？　考えてみると非常にわかりやすい。

仮にあなたが、店の前で呼び込みをしているとしよう。そのときに、過去に1回しか利用したことがないお客様に「今日はおいしい魚が入りましたよ。ちょっと寄っていきませんか?」と声をかけたとする。そのお客様が、あなたの要求に応えてくれる可能性は、かなり低いことが想像いただけるだろう。

一方、(極論だが)年に100回ほど利用しているお客様に、同じ呼び込みをしたとしよう。前者に比べて、あなたの要求に応えてくれる可能性が高いことは容易に想像できるだろう。

「1回の人に、2回目を利用してもらう」のは、お客様にとってかなり負担がかかることだが、「100回の人を、101回にする」のは、かなり容易なことなのである。お客様も、負担は感じない。

つまり、過去の利用回数が多い人ほど、来店頻度は増加させやすいということだ。

その結果、DMを送る際には、最低でも2回以上のお客様を対象にすれば、反応は2倍以上に引き上がることになる。

DM反応率を4倍に引き上げる方法❷
「経過日数」を活用して反応を上げる

次は「経過日数」。これは、実は「利用回数」以上に重要な要素である。

たとえば、店を前回利用してから、

A・「1年以上経過している」お客様100人
B・「1年が経過していない」お客様100人

の2つのグループに分けるとしよう。やはり、そこに同じ内容のDMを送ったとする。

そのDMをきっかけに来店したお客様の割合を比較すると、Aの「1年以上経過している」お客様よりも、Bの**「1年が経過していない」お客様のほうが、反応が2倍以上いい結果になる**。

――なぜか?

それは、「1年以上」利用していないお客様は、やはり**何らかの理由があって1年以上利用していない**からだ。

「1年以上」の中には、当然2年以上、3年以上、4年以上、5年以上と、長期間利用していないお客様も含まれている。単純な話、もう引っ越してしまっていて、長期間利用できていないのかもしれない。引っ越していないにしても、そもそも通りがかっただけのお客様で、そのエリアには住んでいないお客様かもしれない。

あるいは、地元のお客様だとしても、他の店に定着してしまっていて、もうあなたの店に魅力を感じていないお客様かもしれない。もちろん、その他にも1年以上も店を利用していないのには、さまざまな理由があるだろう。

しかし、それをひと言で言ってしまえば、「その店に頻繁に行ける環境ではなくなっている」、あるいは「その店に頻繁に行く気持ち・価値観がなくなっている」とも言える。

つまり、Aの「1年以上経過している」お客様100人は、何らかの**理由があって、あなたの店を1年以上利用していないお客様**が多いはずだ。

一方、Bの前回利用してから「1年が経過していない」お客様はどうだろう。1年以内

「経過日数」を活用して反応を上げる

ＤＭ反応率を４倍に引き上げる方法②

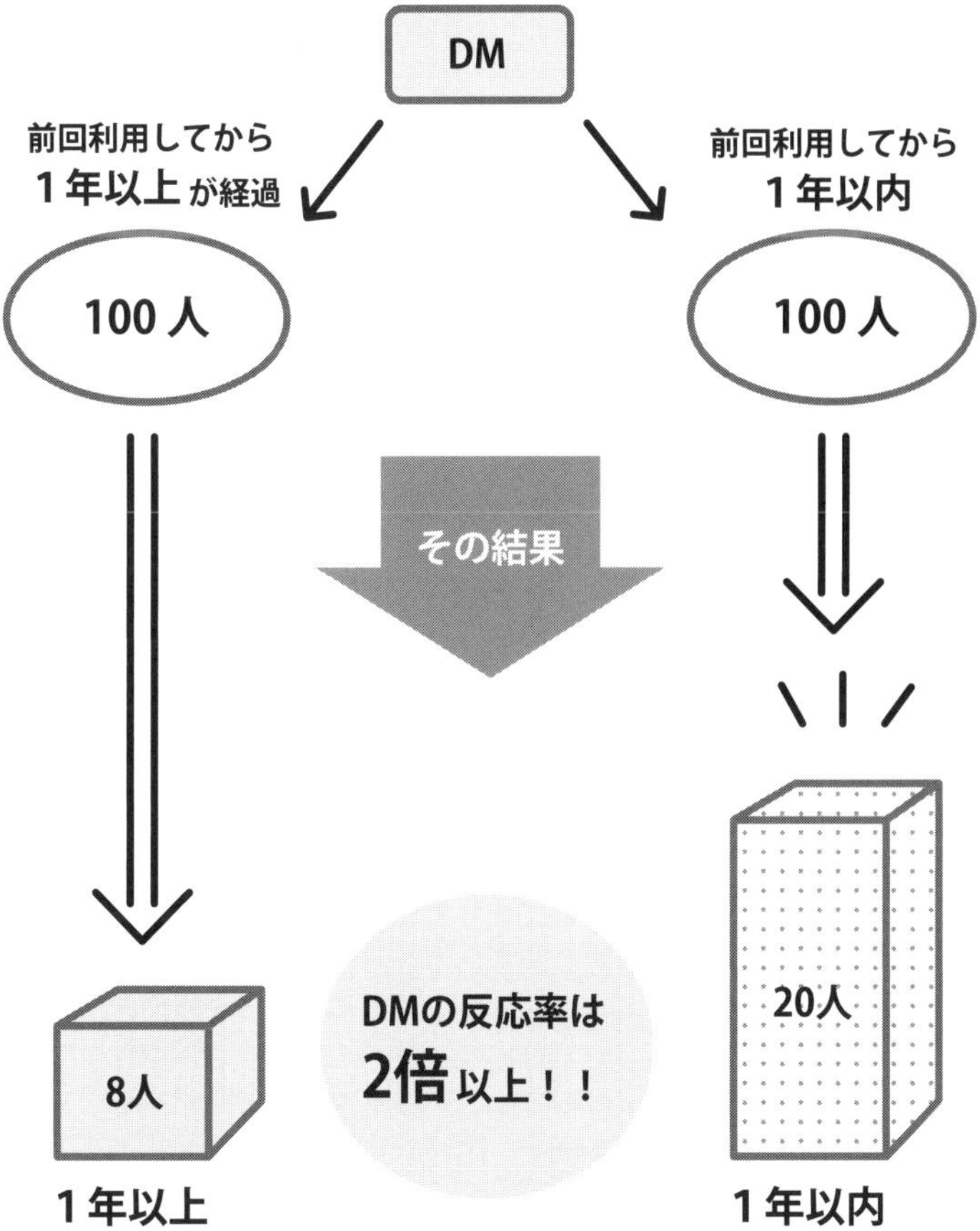

であれば、先月、先週、あるいは昨日お越しになったお客様まで含まれる。Aのお客様に比べると、**まだそこまで大きな環境の変化は起こっていないお客様**だろう。

❖（A）店に頻繁に行ける環境・気持ちではなくなっているお客様100人と、
❖（B）まだ、そのような環境にないお客様100人。

同じ数にDMを送れば、やはりBのお客様のほうが、反応が2倍以上よい結果になる。

DM反応率を4倍に引き上げる方法❸
「購買金額」を活用して反応を上げる

お気づきだろうか？　説明した2つのデータ活用を行なえば、それだけでDMの反応率は、4倍以上に引き上がっている。

仮に、1000枚のDMを送るとしよう。今までは「単純な住所録から無作為」に抽出してお送りしていたDMを、「前回ご利用いただいてから1年が経過していないお客様」だけに絞る。これだけで、無作為に送るDMよりも反応が2倍以上よくなる。

さらに、その中から「2回以上ご利用いただいたお客様」に対象を絞る。

すると、反応が2倍以上よくなる。
「経過日数」で絞ることで、まず反応が2倍になる。さらに、**「利用回数」で絞り込むことで、反応がさらにその2倍**になる計算だ。**2倍の2倍。つまり4倍になっている。**

しかし、話はこれで終わらない。ここで最後の仕上げを施す。このデータ活用に**「購買金額」を掛け合わせる。**すると、最高の売上反応を出せるようになるのだ。

たとえば、「このハガキ持参で1000円引き」のようなキャンペーンDMを送ったとしよう。先ほどの「経過日数」と「利用回数」でデータを絞っていれば、反応率は4倍に引き上がっている。

しかし、そのお客様の中には「毎回3000円以下しか利用しないお客様」も多く含まれている。毎回3000円以下しか利用しないお客様に、1000円分の割引チケットを送っても、そのお客様の多くは3000円（あるいは、無料分を上乗せした4000円）分しか買い物をしない。店からすると、ほとんど儲けがない。

では、どうすればいいのか？

簡単な話だ。**「1000円割り引いても、しっかり利益が取れるお客様」だけにDMをお送りすればいい。**

そのために、「購買金額」を利用していく。多くの場合、「平均単価」を利用すればいいだろう。つまり、「毎回平均で、7000円以上利用していただいているお客様」などと平均単価で絞るのだ。そうすれば、1000円割り引いても、しっかり利益が取れることになる。

さらに、キャンペーン終了後に、そのDMを見て来店されたお客様の売上金額平均を計算してみてほしい。店の通常の客単価よりも高くなっていることが多いはずだ。理由は簡単。客単価の低いお客様には割引を送っていないからだ。

つまり、まずは「利用金額」と「経過日数」を掛け合わせ、反応を4倍以上に引き上げる。その後、「購買金額」も活用することで、売上高をさらに大きく引き上げることができるのだ。

DM反応率を4倍に引き上げる方法

たとえば、500枚のＤＭを出したいとすれば

①前回ご利用いただいてから、**１年が経過していない**お客様で絞る

↓ 2000人

②その中で、**利用回数２回以上**でなどと回数で絞る

↓ 1000人

③さらに**平均客単価が7000円**を超えているお客様などで絞る

500人

すると反応が４倍以上になり、
単価の高いお客様ばかりが集客できる

02

意図的に「狙った売上げ」を作る方法

意図的に売上げが作れる方程式

この「売り込みDMの反応率を4倍に引き上げる方法」を数回実施すると、「当店では、この条件でDMを送れば、反応率は●％前後だな」と、自店のDM反応率がわかるようになる。この自店のDM反応率がわかると、さらに画期的なことができるようになる。

それは、あなたの店に大きなアドバンテージをもたらす「ある方程式」を活用できるようになるのだ。この方程式だ。

作りたい売上金額　÷　DM反応率　÷　客単価　＝対象人数

これを**「意図的に売上げが作れる方程式」**と呼ぶ。たとえば、「来月売上げを100万円確保したい」と思えば、それを狙って作れるのだ。くわしくご説明しよう。

たとえば、あなたが何回かＤＭを送り、「当店のＤＭ反応率は、毎回20％前後だな」と把握できたとする。平均客単価は７０００円くらいの店だとしよう。そのときに、「来月の売上げが不安だなあ。よし、１００万円売上げを作ろう！」と考えた。

では、どうすればいいのか？　先の方程式に当てはめればいい。

作りたい売上げ【１００万円】÷ＤＭ反応率【20％】÷客単価７０００円

計算すると７１４人となる。そう。この７１４人のお客様にＤＭを送れば、計ったように１００万円が売り上がる。繰り返す。計ったように、だ。

「１００万円の売上げが計算できる」――経営において、これほどうれしいことはないだろう。

だからと言って、「５００万円売上げを作ろう！」と思って、方程式に当てはめる。すると反応率は落ちてくるので、そもそも公式は成り立たない。

また当然だが、企画の内容も影響してくる。割引きをして反応率20％だったＤＭを、割引きせずに送れば、反応率は下がるだろう（ただ、客単価は上がってくる）。

だからこの方程式は、あくまで基準値となる。

しかし、これを続けていけば、あなたの店で方程式のパターンが確立されてくる。「1年以内で、2回以上ご利用のお客様に、500円引きのＤＭを送れば反応率は20％」「1年以上、2年以内のお客様に、特別メニューの企画を送れば、反応率は10％」などと把握できるようになる。

このパターンさえ確立すれば、あなたの店では、計ったように売上げを作れるようになる。これが、経営において大きなアドバンテージとなることは、賢明なあなたであれば、すでにお感じになっていることだろう。

ちなみに、サラリーマン時代、私自身もこの方程式を応用して、業績を伸ばし続けてきた。予算が決まれば、私なりの「意図的に売上げが作れる方程式」を活用する。すると、「何人にＤＭを送る企画を、何回行なえば、予算が達成する」と把握できる。後はその回数、企画を実行するだけとなる。だが、それにより、私自身も会社の予算を「計ったように」クリアし続けてきた。その年数は、軽く10年を超える。

これこそが、データ活用の力なのだ。

ライバル店の顧客台帳が手に入れば…？

以上のように、データ活用さえしていけば、反応率を上げるのは簡単なことだ。

ただ、たいへんなのは、そのデータを集めていくことである。データを活用するためには「どこの・誰が・いつ・いくら」利用したかを毎回記録していく必要がある。つまり、「顧客情報」ありきなのだ。いや、むしろ顧客情報にこそ〝宝の山〟が隠されていると言っても過言ではない。


たとえば、あなたの店が寿司屋だったとしよう。

「頻繁にお寿司を外食する人のリスト」があれば、あなたは欲しくないだろうか？

たとえば、ライバル店の顧客台帳が手に入るとしたら、あなたはその台帳を「いらない」と言うだろうか？　言わないはずだ。むしろ、喉から手が出るくらい欲しいだろう。

なぜなら、その台帳は「比較的、お寿司を外食する傾向がある人たち」のリストだからだ。

手に入ったらどうする？　眺めるだけだろうか？　そんなことはない。何らかのアプローチをするはずだ。手っ取り早いのはＤＭを送ることだろう。

ここで、考えてほしい。ライバル店の顧客台帳が手に入ればＤＭを送るのに、なぜ自店の顧客台帳を疎かにするのだろうか？　あなたの店の顧客台帳は、まさに「お寿司を外食する人のリスト」なのだ。このリストに、「利用回数」「経過日数」「購買金額」のデータを加えることにより、「あなたが握る寿司が大好きな人たちのリスト」に早変わりする。

であれば、このリストを活用しない手はない。**宝の山は、あなたの店の顧客リストにこそ隠されているのだ。**

「売り込みのＤＭ」と「売り込まないＤＭ」は表裏一体

では、今回のテクニックを使って、いつも「売り込みのＤＭ」ばかりをお送りすればいいのか？　そんなことはない。ここに大きな危険がある。

前述したように、短期間に「売り込みのＤＭ」を続けて送ると、反応は半減する。３回続けると、その半分になることもある。

だから、毎回売り込みばかりをしてはならない。日頃から「売り込まないＤＭ」を定期的にお送りしているからこそ、いざというときの「売り込み」の反応が高まるのだ。

——そう。「売り込みのＤＭ」と「売り込まないＤＭ（ニュースレター）」は表裏一体。そして、どちらにおいても、**データ活用が重要**なのだ。

「データを使った経営」というと、店舗経営者からは煙たがられることが多い。

しかし、体力勝負と思われていたスポーツの世界でさえ、データなしでは語れなくなっている。一流（いや、一流でなくても）アスリートのほとんどが、データ活用しているのはご存じの通りだ。店舗経営であれば、なおさらデータ活用が重要だろう。

あなたの店でも、さっそく今回のデータ活用でＤＭを送ってみてほしい。その反応のよさにきっと驚かれることだろう。

ＤＭ反応率30％！低価格店をもろともしない繁盛店「福岡市・日本料理しげまつ」

この「売り込みＤＭを4倍に引き上げる方法」は、私1人で実践したものではない。私の代表的なクライアントである福岡市の「寿司・仕出ししげまつ」（以下「しげまつ」）の代表・重松賢一氏とともに、実践を重ねて築き上げたものだ。

拙著『「1回きりのお客様」を「100回客」に育てなさい！』でもご紹介したが、しげまつは、メニューブックをカラーにすることで、年間2800万円の売上げを短期間で1億円に引き上げた。その億を超える売上げを、わずか数人の料理人で運営している。その秘訣は、顧客管理や厨房改革などの「しくみづくり」にある。

しげまつの実践事例の一部をご紹介すると、

❖**わずか1000枚のハガキDM（経費7万4000円）で170万円の売上反応**

❖**2000枚の封書DM（経費34万円）で450万円の売上反応**

❖**年賀状ではなく年末状（特許申請済）で、連日60万円の予約注文が入り続ける**

と、例を挙げればキリがないほどだ。

このような好反応の理由は、ご紹介した**「売り込みのDMの反応率を4倍に引き上げる方法」を活用しているからに他ならない。**

同店は顧客戦略を歩みはじめて、すでに10年以上が経過する。その間、年に4～5回のDMを送り続けている。しかも、その**反応率が毎回30％を超えている。**

「継続するから価値が高い。当店からお客様が離れないのは、ここにも理由があると思

▲反応率 30%を超えるしげまつのＤＭの数々（一部）

う。当店の売上げの源は、すべてこの顧客データにある」と重松氏は話す。

ここ数年で、同店の周辺では、回転寿司や宅配寿司などが乱立するようになった。そんな中でも、同店は低価格店をもろともしない繁盛ぶりを維持し続けている。

参考サイト

◉寿司・仕出ししげまつ（http://www.shigematsu.info）

このしげまつのDM戦略を具体的に解説した私の講演「売り込みDMの反応率を4倍に引き上げる方法」と、その店の厨房や重松社長の講演を収録した「日本料理しげまつ 厨房・店舗見学会」の様子をDVD化している。数に限りがあるDVDなので、ご興味があれば、お早めに左記ホームページをのぞいてほしい。

参考サイト

◉「日本料理しげまつ厨房・店舗見学会DVD」

◉「売り込みDMの反応率を4倍に引き上げる方法DVD」

（http://www.takatayasuhisa.com/material/55/）

最終章

データでは表わせない重要なこと

以上、私が考える「お客様を維持する方法」を余すところなくご紹介した。

本書によって、今までの経営方針が180度変わる経営者も多く生まれることだろう。しかし、安心してほしい、それこそが、商売における正しい方向性なのである。賢明なあなたであれば、本書をお読みいただいた今なら、十分理解していただいているはずだ。

さて、本書では数々のデータを多くの事例を交えてご紹介してきた。ただ、商売においては、「データでは表わせないこと」があるのも事実だ。最終章で、その点について少し触れさせていただきたい。

ニュースレターを送る真の目的とは？

「ニュースレターを送れば、必ず業績が上がるでしょうか？」こんな質問を受ける。

この質問に、私は自信をもってこう答える。ニュースレターを送れば、業績が上がる？商売なんてそんな甘いものではない。

しかし、私の大好きな書籍『あなたの夢を現実化させる成功の9ステップ』（幻冬舎文庫）に「エモーション（感情）はモーション（行動）から来る」という言葉がある。落ち込んでいる人は、顔が下向きになり背中が丸まっている。しかし、その人にスキップをしてもらうと、その最中に落ち込むことは不可能らしい。同じように、やる気がなくダラっとしている人に、両手を上に突き上げて大きな声で「やるぞ！」と言ってもらえば、やる気が起こるらしい。つまり、「感情」が「行動」を左右しているならば、それを逆手に取って、「行動」で「感情」を動かすことも可能、ということである。

だからこそ、ニュースレターを送り続ける「行動」をとってほしい。

それにより、「既存客を大事にしよう」という「感情」が生まれはじめる。一度や二度で変化はないが、1年間続けるとその感情が定着する。自然とお客様に対する接客や態度に変化が現われはじめ、最終的には店の「思想」として根づいてゆく。すべての行動にその思想がにじみ出て、既存客の満足度が高まる。その結果、業績が上がっていくのである。

「新規客よりも既存客が大事」――多くの経営者はそんなことはわかっている。

しかし、感情に行動が伴わず、既存客に経費を使わない。業績を上げるための行動は、フリーペーパーや折り込みチラシなど新規集客のことばかり。つまり、頭では既存客が大事だとわかっているのに、行動はその真逆をしている。その結果、いつのまにか店の感情までもが「新規客が大事」というように変わってしまう。これは、既存客からすると悲しいことであり、店にとっても危険なことである。

「エモーション（感情）はモーション（行動）から来る」。

ニュースレターを送るという行動を取り続けることにより、「新規客より既存のお客様が大事」という感情が、店の思想として定着することこそが大事なのだ。

立派で、安くて、商品も接客も素晴らしい新店と勝負する方法

それでも、近くに新しい店や低価格店がオープンすると、不安で新規集客に走りたくなる。そんな店に対抗するために、価格を下げようとすることもあるだろう。

しかし、既存店であるあなたの店には、新店よりも大きなアドバンテージがある。

それが「既存客」だ。新店が1からお客様を集め、信頼関係を構築しなければならないのに対して、**あなたの店は、すでに多くの顧客を持っている。**新店が既存客0なのに対して、あなたは1000や2000（あるいはそれ以上）の既存客に支えられている。その

お客様と情でつながっている。これほど大きなアドバンテージはないはずだ。

しかし、ほとんどの店がそのアドバンテージ（既存のお客様と情でつながっていること）を忘れ、新店と同じ土俵で勝負をしてしまう。商品で頑張る、接客で頑張る、価格で頑張る。もちろん、それはそれで頑張らなければならない。

しかし、新しい店は今後もどんどん近くにできるだろう。場合によっては、あなたの店よりも立派で、安くて、接客も素晴らしいかもしれない。商品だって、あなたの店よりも優れている場合があるかもしれない。そんな店に対抗するためには……？　あなたの店が、新店よりも大きなアドバンテージを持っている「既存客との情のつながり」で勝負する必要があるはずだ。

それなのに、多くの店がそこには経費を使わない。新規集客ばかりに投資する。低価格店が出てくると、それに対抗し低価格でお客様を奪おうとする。既存客を奪われないよう、価格を下げてお客様を維持しようとする。でも、言わせてもらえば、価格で勝負するから、低価格店にお客様を奪われてしまうのだ。

繰り返す。あなたの店の一番大きなアドバンテージは既存客であるはずだ。その「既存客を維持すること」にこそ、最大の力を注がなければならない。

だから、あなたは絶対に「売りっぱなしの営業マン」のようになってはならない。

あなたの店は「売りっぱなしの営業マン」と同じでいいのか？

お客様の立場で考えてほしい。あなたも売りっぱなしの営業マンは嫌いなはずだ。たとえばＯＡ機器の営業マン。その多くが、売りっぱなしの営業を行なう。売りたいときは一所懸命。しかし、売った後はそれっきり。顔を見せるどころか、電話1本してこない。たまにＤＭが届いたかと思えば、「新商品のご案内」や「展示会のご案内」。そしてリースが切れた頃にまたやって来る。買ってくれ、買ってくれ、買ってくればかり。

そんな営業マンから、あなたは商品を買いたいとは思わないはずだ。

でも……、あなた自身はどうだろうか？

お客様に「売りっぱなし」で終わっていないだろうか？

もちろん、店の中では、最高の商品を提供し、最高の接客でおもてなしをされていると思う。でも、「店の中」ということは、それは売っているときだろう？

私が言いたいのは、その後。売った後だ。お客様が、店で支払いをすませ、ご自宅にお帰りになった後、お礼のお電話1本差し上げたことがあるだろうか。

「電話なんて、お客様が迷惑するから……」

実際はそうではないのだが、１００歩譲ってそうだとしよう。では、お礼のお手紙1枚お送りしたことはあるだろうか。それにとどまらず、日頃から、お客様のことを気にかけて、お客様との関係を深めるために、お客様の役に立つ情報をお届けするために、売り込みではなく「売り込まないDM」をお送りしたことはあるだろうか。

そんな記憶がないのであれば、いや、あってもたまにしかしていないのであれば、**あなた自身が「売りっぱなしの営業マン」になっている**、ということだ。

もちろん、あなたにはそんな気持ちはないと思う。しかし、「店の中だけ」で一所懸命というのは、売ることだけに一所懸命の営業マンと同じことなのである。

しかし安心してほしい。あなたが、お客様との関係促進を大事にすれば、店の本当のファン客は、決してあなたを裏切ることはない。

ここでお詫びをしなければならない。偉そうなことを書いてきたが、実は私自身が、そんな売りっぱなしの営業マンだったのだ。

サラリーマン時代、私は入社から5年間ほど、「売れない営業マン」というレッテルを貼られていた。ただ、ある日、一念発起し、給料の5分の1を自己投資に活用し、売れる営業ノウハウを学び、行動した。すると売れはじめるようになった。顧客管理の重要性を説いている私だが、実は新規集客にこそ自信を持っている。売れない営業マンが売れはじめた。面白いようにグングン業績を伸ばし続けた。多忙を極め、販売したお客様には顔を出すどころか、電話1本かけることもできなかった。もちろん、罪悪感はあった。ただ、サポートは専門部隊に任せているし、お客様にご迷惑をおかけしているつもりはなかった。それでも、スタッフはお客様からクレームを受けていた。

「高田さんは売るだけで、その後一度も電話も顔も見せない」。

そのときの私の言い訳は、もしかしたらあなたと同じかもしれない。

「…忙しいから仕方がない」。

そこで、私は売りっぱなしを止める。ただ、全国を講演で飛び回っているので、お客様のところに顔を出すことはできない。そこで、「ニュースレター（※当初は郵送ではなくFAX）」や「メルマガ」を送りはじめた。私が勉強した販促術や、他店での成功事例を毎月送り続けた。もちろん、そこにはプライベートを載せ、関係促進も忘れなかった。ただ、これは売上げのためではなく、日頃お客様と疎遠になっている、せめてもの罪ほろぼしに他ならなかった。プライベートを載せはじめたのは、「私のことを忘れてほしくない」という思いの表われだった。

これによって、事態は一転する。クライアントからは「頑張っているみたいだね」「いつも貴重な情報をありがとう」など、お喜びの声をいただけるようになったのだ。数年以上もお会いできなかったお客様にも、「いつも情報を送ってもらっているから、2年ぶりに会った気がしないね」などと言っていただけるようになったのだ。その結果、契約の更新率が上昇したのはもちろん、お客様の紹介までたくさんいただけるようになった。つまり、お客様の流出を防ぎ、新規客まで増えはじめたのである。

これは、私が「既存のお客様とのつながり」を大事にしはじめたからに他ならない。

私が自信を持って言えること

だからこそ、だまされたと思って、一度ニュースレターを送ってほしい。あなたの気持ちがスッキリするはずだ。つまり、ニュースレターを送って、一番喜んでいる人、それは、お客様ではなく**あなた自身なのだ**。

「当店は、既存客より新規客が大事です。新しいお客様がたくさん欲しいので、新規集客ばかりに経費を使っています」って人、なんか嫌な感じ。

しかし、「当店は、新規客より既存のお客様が大事です。なので、そちらに重点的に経費を使っています」と言うと、……うん、なんかいい人っぽい感じがする。

このことは、多くの経営者・スタッフが深層心理ではわかっている。なので、ニュースレターを送ると気持ちがスッキリするのだ。新規集客用にフリーペーパーなどで手軽に広告を出したのではなく、既存客に手間暇をかけて送ったニュースレター。

「ほっ、これでお客様に喜んでもらえる」

と、あなたの心が、そう応えてくれる。お客様のために行動できたことを、あなた自身が一番喜ぶのだ。喜ぶから続けたくなる。その積み重ねが、結果として売上げに反映されるのだ。

うまく表現できないが、商売ってそういうものではないかと思う。

売上げを上げるために行動するのではない。お客様のためを思って行動した結果、売上げが上がってくる。私が得意とするデータでは表わせないが、そんなことだって、あるのだと思う。

本書でご紹介した「売り込みDMの反応率を4倍に引き上げる方法」を使えば、手堅く売上げを上げることができる。それほど、データ活用の力は大きい。もちろん、多くの店で実践していただきたい手法である。だからと言って、それだけに終始してはならない。なぜなら、お客様との「情のつながり」は、決してデータでは現われてこないからだ。

——だからこそ、あなたの店でもニュースレターを活用してほしい。

効果は確実にある。これだけは自信を持って言える。なぜなら、私もその恩恵を受けたひとりだからだ。

安心してほしい。数ヶ月以内に必ず、お客様からお声がけがある。「いつも、お手紙をありがとう」「毎号ファイルにとじて保管してるわよ」こんなお声をいただいたときのうれしさは、言葉では表現できないほどだ。

ニュースレターは、お客様との関係づくりに大いに役立つ。まずは、それだけでも十分ではないだろうか？

お客様に喜んでいただければ、売上げはきっと後からついてくる。

元コンピュータ屋らしくない発言かもしれないが、そんな店に、私は行きたい。

参考文献

◎『あなたの夢を現実化させる成功の9ステップ』ジェームス・スキナー（幻冬舎文庫）

おわりに

本書が、5冊目の著作となりました。

ただ、お気づきの方もいらっしゃると思いますが、本書の主題である【第4ステップ・お客様を維持する方法】については、処女作『売れる&儲かる!ニュースレター販促術』(共著・同文舘出版)にて、主たるコンセプトをご紹介いたしました。しかし、共著であったため、本来私がお伝えしたい要素を十分にはお伝えできていませんでした。

処女作は、本のコンセプト上「ニュースレター」だけに結論があたっていましたが、第4ステップの目的は、ニュースレターを送ることではありません。ニュースレターはあくまでツールのひとつにすぎず、その本質こそが重要なのです。もちろん、重要なツールであることには違いありませんが、そのテクニックだけに頼ってしまうことはあまりにも危険です。ニュースレターは、たしかに画期的なツールですが、その結果、「仏作って魂入れず」になっている店が多いような気がします。あくまでも、「既存のお客様を大事にしよう」という思いが先に立ち、その行き着く先のひとつが、ニュースレターであったり、その他のツールであったりするのだと思います。

さらには、処女作発刊から長い歳月が経過し、その本質をより深く理解していただくための表現や、成功事例も続々と生まれてきました。そこで、今回はツールに焦点をあてるのではなく、本質に焦点をあてるべく、本書を執筆することとなりました。

すでに『売れる&儲かる！ニュースレター販促術』をお読みの方にも、必ずやご満足いただける内容になっていると自負しております。

また、私にはある理由により、5年間ひた隠しにしてきた販促手法がありました。それが、「売り込みDMの反応率を4倍に引き上げる方法」です。ご紹介したように、このデータ活用方法は手堅いのですが、これだけに終始してしまうと大火傷を負うことがあります。だからこそ、お客様との関係促進を重要視するニュースレターとあわせて紹介することが重要だと考えていました。本書でそれを実現することができ、胸の奥にあったつかえが取れたような、そんな晴れ晴れしい気持ちです。

さて、この5冊目には、過去の著作と大きく違う点があります。それは、私自身の立場です。過去4冊の著作は、私がサラリーマン時代に執筆したものでした。しかし、今回は独立し、初めて経営者の立場で執筆した著作となります。

おかげさまで、独立してからも、ビジネスは順調に軌道に乗っています。本当に恵まれていると感謝しています。

もちろん、何の問題もなく、ここまで来られたわけではありません。大会社の看板を背負っていたサラリーマン時代とは違う、さまざまな苦労もしました（まだ、これが苦労と言えるかどうかさえわかりませんが）。

しかし、それでも、多くの方にご支援をいただき、おかげさまで忙しい日々を過ごさせていただいています。その全員のお名前を記載することはできませんが、一部の方のみこの場をお借りしてお礼を言わせてください。


❖まずは、退職後も変わらず出版にお声がけくださった、同文舘出版様とビジネス書編集部の古市達彦部長には深く感謝いたします。いつもながら、私のような素人の文章をチェックするのは、たいへんなご苦労があったことと思います。本当にありがとうございます。


❖次に、事例紹介にご協力いただいた経営者のみなさま。本当にありがとうございます。

みなさま方の知恵と行動で生み出された成功事例を紹介するにあたり、何の躊躇もなくご快諾いただき、深く感謝しております。また、文体の関係上、やむなく敬称を割愛して紹介させていただいた無礼を、この場を借りてお詫び申し上げます。

❖独立後、こちらが出したビジネス条件を、「独立したばかりじゃ不安じゃろ」と、さらに好条件に書き換えてくださった東さん。「高田さんの看板が重要なんですよ」と言って、今では最大の取引をしてくださっている堀内さん。退職後も変わらず顧客戦略の販売やサポートにご協力をいただいている平田さん、梁井さん、松浦さん、山崎さん、奥村さん。みなさまがいらっしゃらなければ、今の私は路頭に迷っていたに違いありません。本当にありがとうございます。

❖そして何より、「高田さんのおかげで、売上げが上がりました」と言ってくださる、多くの顧客戦略実践者の方々。そのお言葉こそが、「この仕事をやっていてよかった」と思える瞬間です。結果を出していただき、本当にありがとうございます。

このような、退職後の一番不安なときに支えてくれた方々のご支援やお言葉は、一生涯忘れられるものではありません。必ず「高田とつき合っていてよかった」と思っていただけるよう、少しずつですが、ご恩返ししていく所存です。

また、私と私の妻を産んでくれた両親。いつも睦久と暖久を可愛がってくれてありがとうございます。近くにおじいちゃん・おばあちゃんがいるおかげで、素直で、活発で、何よりやさしい気持ちを持った子どもたちに育っています。孫達のためにも、これからも健康に気をつけて、必ず、必ず4人ともに長生きしてください。

――最後に。こんな頼りない私の決断に「ま、会社やめたほうがいいんじゃない?」と、何の根拠もなく私を信頼し、ここまで支えてくれた妻・真由美。

あの一言が、どれほど私を精神的に楽にしてくれたか、あなたにはまだ伝えることができていません。その感謝の気持ちを、本書の「おわりに」で熱く語るつもりだったのですが、妻から「照れくさいから、今回の本では家族のことには触れないでね」と、きつく念を押されました。なので……。

「私がどれほど、あなたに感謝しているのか」「私がどれほど、子どもたちを愛おしく思っているのか」「私がどれほど、あなたたちと過ごしている日々に幸せを感じているのか」については、本書に書き記すことができません(笑)。いつも本当にありがとう。

「ああ、本当に周囲の方々に支えられて生きている」「この家族のために頑張らなければ!」あらためてそう、気づかされている日々です。

もちろん、この書籍をお買い上げくださったあなたにも、最大級の感謝をお伝えして筆を置きたいと思います。

あなたと次回作でもお会いできるのを、楽しみにしております。

高田靖久

さて、この書籍をお買い上げいただいた、あなたへの特典です

本書籍のノウハウを実行に移すためには、なくてはならないものがあります。それが「顧客情報」です。とくに飲食店などでは、顧客情報の収集が顧客戦略の成否を左右します。もちろん、当社ではこのノウハウを持ち合わせています。

また、顧客戦略には４つのｓｔｅｐがありますが、実は美容室などのサロンに対してだけ「第５ステップ」を持ち合わせています。それが「来店サイクルを短縮する方法」です。

現在のところ、「顧客情報の集め方」と「来店サイクルを短縮する方法」は書籍化するつもりはありません。この２つのノウハウについて、すでに無料レポートとしてまとめていますので、お知りになりたい方は、左記のホームページから入手してください。あなたが顧客戦略を実践する際には、必ず役に立つと思います。ただ、このサイトは予告なく公開終了としますので、早めのダウンロードをおすすめいたします。

◉読者特典「顧客情報の集め方」「来店サイクルを短縮する方法」ダウンロードＵＲＬ

http://www.takatayasuhisa.com

本書の話は顧客戦略の一部にすぎません

本書では紹介できませんでしたが、顧客戦略には4つのＳｔｅｐがあります。

Ｓｔｅｐ①新規客を【集める】手法／Ｓｔｅｐ②お客様を【固定客にする】手法
Ｓｔｅｐ③お客様を【成長させる】手法／Ｓｔｅｐ④お客様を【維持する】手法

私は、この4つのＳｔｅｐを『**顧客戦略支援プログラム　ＬＴＶ－ＭＡＸ**』として体系化し、お店の**顧客戦略導入支援や講演活動**を行なっています。他社製の顧客管理ソフトを導入されているお店でも、ご活用いただくことができます。

基本的には、飲食店・美容室・サロン様を中心にご活用いただいていますが、クリーニング店・洋服店・歯科医院様などでも活用が可能です。

また、本書でもたびたび登場しましたが、多くの経営者様が私の講演をきっかけに業績を伸ばされました。その講演「**店舗経営〝売れるしくみ〟構築プログラム**

4つのSTEP」の基本講演バージョンが、**DVDに収録されて販売**されています。

ご興味がある方は、インターネットにて **高田靖久　顧客管理** と検索ください。

各章の参考文献およびお役立ちサイト

1章

参考文献

◉『ひとり光る みんな光る』久保華図八（致知出版社）

お役立ちサイト

◉『北九州市・美容室バグジー』（http://www.bagzy.net/）

◉『おもてなし経営企業選』（http://omotenashi-keiei.go.jp/）

◉『松江市・ふれんち酒場びいどろ』（http://www.be-doro.co.jp/）

2章

参考文献

◉『地域ダントツ一番店がやっている「無敵」の集客術』前田展明（同友館）

お役立ちサイト

◉北九州市・釜めしもよう（宅配釜めし）（http://www.kamamesi.com/）

3章

参考文献

◉『「1回きりのお客様」を「100回客」に育てなさい！』高田靖久（同文舘出版）

◉『「惚れるしくみ」がお店を変える！』小阪裕司（フォレスト出版）

4章

参考文献

◉『お客様がずっと通いたくなる小さなサロンのつくり方』向井邦雄（同文舘出版）

お役立ちサイト

◎立川市・エステランテ ロズまり（http://www.rosemaryrose.com/）
◎京都市・シナモ（カジュアルワインレストラン）（http://www.sinamo.co.jp/）
◎松江市・ヘア・ピュール・アルテ（美容室）（http://arte-arte.info/）
◎ニュースレター作成支援ツール（http://www.takatayasuhisa.com/）

５章

お役立ちサイト

◎福岡市・寿司・仕出ししげまつ（http://www.shigematsu.info/）
◎日本料理しげまつ厨房・店舗見学会ＤＶＤ
◎売り込みＤＭの反応率を４倍に引き上げる方法ＤＶＤ
（http://www.takatayasuhisa.com/material/55/）

最終章

参考文献

◎『あなたの夢を現実化させる成功の９ステップ』ジェームス・スキナー（幻冬舎文庫）

この書籍全般の参考文献およびおすすめ書籍

◉『顧客満足型マーケティング』荒川圭基（PHP研究所）
◉『人生を変える80対20の法則』リチャード・コッチ（阪急コミュニケーションズ）
◉『影響力の武器』ロバート・B・チャルディーニ（誠信書房）
◉『キミがこの本を買ったワケ』指南役（扶桑社）
◉『失われた「売り上げ」を探せ！』小阪裕司（フォレスト出版）
◉『あなたにもできる「惚れるしくみ」がお店を変える！』小阪裕司（フォレスト出版）
◉『「儲け」を生みだす「悦び」の方程式』小阪裕司（PHP研究所）
◉『小予算で優良顧客をつかむ方法』神田昌典（ダイヤモンド社）
◉『あなたの会社が90日で儲かる！』神田昌典（フォレスト出版）
◉『口コミ伝染病』神田昌典（フォレスト出版）
◉『凡人の逆襲』神田昌典、平秀信（オーエス出版）
◉『お客様を3週間でザクザク集める方法』高田靖久（中経出版）
◉『お客様は「えこひいき」しなさい！』高田靖久（中経出版）
◉『「1回きりのお客様」を「100回客」に育てなさい！』高田靖久（同文舘出版）

著者略歴

高田靖久（たかた やすひさ）

某大手ＩＴ企業にて20年間、飲食店・美容室を中心とした、顧客管理ソフトおよび顧客戦略支援ツールの商品企画・販売に携わる。入社から数年は「売れない営業マン」。その後、一念発起。「基本給の５分の１」を自己投資に活用し、短期間で営業および店舗経営ノウハウを身につける。そのノウハウを顧客管理ソフトウェアに組み込み、既存クライアントに提供したところ、前年対比300%アップなど、売上拡大する店が続出。顧客管理ソフトおよび顧客戦略支援ツールの販売・導入実績は1200店舗を超える。

このノウハウを全国の店舗に伝えていきたいと、現在は独立。飲食店や美容室を中心に、お店の「顧客戦略立ち上げの支援」や「販売促進のサポート」を行なっている。

多くの繁盛店を生み出すきっかけとなった講演「店舗経営 売れる仕組み構築プログラム」は年間70回以上実施し、常に満員御礼。全国の商工会議所、商業組合、中小企業などからの講演依頼が跡を絶たない。

著書として、『「1回きりのお客様」を「100回客」に育てなさい！』(同文舘出版)、『お客様は「えこひいき」しなさい！』、『お客様を３週間でザクザク集める方法』（ともに中経出版）他がある。

●著者のホームページ：http://takatayasuhisa.com/
●メルマガ：読者数16000人超「1回５分奇跡を起こす！　小さなお店、大逆転の法則。」
http://www.mag2.com/m/0000179578.html（無料）

お客様が「減らない」店のつくり方

平成26年 5月 7日　初版発行

著　者 ―― 高田靖久
発行者 ―― 中島治久

発行所 ―― 同文舘出版株式会社

東京都千代田区神田神保町1-41　〒101-0051
電話　営業03（3294）1801　編集03（3294）1802
振替00100-8-42935　http://www.dobunkan.co.jp

ISBN978-4-495-52681-8
印刷／製本：萩原印刷
Printed in Japan 2014